梅本堯夫・大山 正 監修 **14** コンパクト新心理学ライブラリ

生理心理学

第3版

脳のはたらきから見た心の世界

岡田　隆・廣中直行
宮森孝史・岡村陽子　共著

サイエンス社

監修のことば

　心理学をこれから学ぼうという人の中には，おうおうにして先入観をもっている人が多い。それは，たいていマスコミで取り上げられることの多いカウンセリングや深層心理の問題である。心理学といえば，それだけを扱うものであるという誤解が生まれやすいのは，それらの内容が青年期の悩みに，すぐに答えてくれるように思われるからであろう。それらの臨床心理の問題も，もちろん，心理学の中で重要な問題領域であるが，心を研究する科学としての心理学が扱う問題は，もちろんそれだけではない。

　人間は環境の中で生きていくために，環境の事物をよく見たり，聞いたりしなければならないし，欲望を満足させるために行動しなければならないし，行動して得た貴重な経験は生かされなければならない。心は，考えたり，喜んだり，泣いたり，喧嘩したり，恋愛をしたりという，人間のあらゆる活動で働いている。大人の心だけではなく，子どもの心も知らなければならない。人はそれぞれ違った性格をもっているし，社会の中で生きていくためには人間関係がどのようになっているかも知らなければならない。

　心理学は実に豊富な内容をもっていて，簡単にこれだけが心理学であるというわけにはいかない。『吾輩は猫である』という作品一つで，夏目漱石とは，こういう作家であるといえないようなものである。夏目漱石を知ろうと思えば，漱石全集を読む必要がある。

　それと同じように心理学とはなにかということを理解するためには，知覚心理学も発達心理学も性格心理学も社会心理学も臨床心理学も，およそのところを把握する必要がある。

　われわれがさきに監修した「新心理学ライブラリ」は，さいわい世間で好意的に受け入れられ，多くの大学で教科書として採用していただいた。しかし近年，ますます大学で学ばなければならない科目は増加しており，心理学のみにあまり長い時間をかける余裕はなくなってきた。そこで，今回刊行する，心理学の各領域のエッセンスをコンパクトにまとめた「コンパクト新心理学ライブラリ」は現代の多忙な大学生にとって最適のシリーズであると信じる。

監修者　梅 本 堯 夫
　　　　大 山　　正

　生理心理学は，脳と心の関係を実験によって明らかにしようとする学問領域である。およそ脳活動がかかわらない精神機能は考えられないため，心理学のどのような分野を学ぼうとするにせよ，生理心理学の基礎知識は多くの人にぜひ身につけておいてほしい。そのような強い願いを込めて，本書『生理心理学——脳のはたらきから見た心の世界』の第3版をここにお届けできることは，私たち著者にとって大きな喜びである。

　生理心理学のエッセンスをコンパクトにまとめつつ，重要事項は妥協せず掘り下げて詳述するという方針のもと，2005年に本書の初版を，2015年に第2版を刊行した。近年の新しい知見に基づいて改訂したこの第3版においても，旧版からのこの基本方針はそのまま引き継がれている。

　第2版刊行後の日本の心理学界における大きな出来事の一つは，国家資格としての公認心理師が新たに定められたことである。この資格に対応するためのカリキュラムを整えた大学では，従来の生理心理学に相当する講義は「神経・生理心理学」という名称で講じられることになった。カリキュラム上は神経心理学と生理心理学が1つの科目となったわけだが，その新たな科目においても本書の旧版はほぼ問題なくお使いいただけたことと思う。というのは，旧版からの読者はよくご存じのように，本書は生理心理学を専門とする実験家，岡田　隆・廣中直行と，神経心理学を専門とする臨床家，宮森孝史による共著であり，精神機能の生物学的基礎という幅広い観点から臨床現場との関連も含めて論じた教科書であるため，生理心理学のみならず神経心理学における重要事

項もふんだんに盛り込んでいたからである。

　大変残念なことに，共著者の一人である宮森教授が 2020 年に逝去され，このことは痛恨の出来事であった。このたびの第 3 版への改訂にあたっては，神経心理学および臨床心理学を専門とする岡村陽子が新たに著者として加わり，宮森教授による旧版の精神を根底に残しつつ，岡村の視点から，いま読者に伝えるべき知見をふんだんに盛り込んだ新たな内容となっている。章立てについても若干の変更を加え，「神経・生理心理学」科目の教科書としてもさらに使いやすい構成となるよう配慮した。

　このたびの改訂において，重要な基礎事項については旧版の内容を踏襲しつつ，より明解な説明となるように文章および図版を全章にわたって見直した。新たに加えた内容として，電気シナプス，シナプス可塑性におけるグリア細胞の役割，光遺伝学と記憶研究，観察学習，嗜癖性障害，過敏性腸症候群，動物の子殺し，睡眠時無呼吸症候群，リベットの実験，脳の加齢的変化，軽度認知障害，前頭側頭型認知症，高次脳機能障害，神経心理検査，認知リハビリテーション，などがある。さらに，各章末の参考図書についても新たなものを加えた。

　最後に，本書が世に出るきっかけを作って下さったライブラリ監修者の故梅本堯夫先生と故大山　正先生に改めて御礼申し上げるとともに，この第 3 版においても引き続き編集を担当されたサイエンス社編集部の清水匡太氏に深謝する。

2024 年 2 月

　　　　　　　　　　　　　　　　　　　　　　　著 者 一 同

目　次

生理心理学への招待

　心が脳の働きによるものだとする考えには，今では多く
の人々が同意することだろう。生理心理学は，脳と心は同
一のものであるという作業仮説に基づき，様々な精神機
能・行動と脳との関係について実験によって明らかにして
いこうとする学問領域である。

　本章は，生理心理学という学問のイメージをつかむため
の導入である。生理心理学研究で用いられる研究法や，生
理心理学の背景にある考え方などを主に紹介することにし
よう。

● 生理心理学とは

　生理心理学はかつては**生理学的心理学**ともいわれ，精神機能や行動の生物学的基礎を研究する学問領域のことをいう。生理心理学者は，究極的には脳と心の関係を解明したいと考えている。

　生理という名を冠してはいるが，生理心理学の手法は現在では生理学にとどまらない。薬理学的手法や，近年では遺伝子工学的手法を用いる場合もある。神経系の機序を調べる分野を総称して神経科学と呼ぶので，生理心理学は，神経科学的手法を駆使して脳と心の関係を調べる学問領域といっても良いだろう。

生理心理学と精神生理学　　広義の生理心理学は上記の通りであるが，これをさらに，（狭義の）生理心理学と**精神生理学**（または心理生理学）とに分類する場合がある。スターンによると，狭義の生理心理学は独立変数が脳への操作，従属変数が行動の変化の場合であり，精神生理学は独立変数が行動の変化，従属変数が生理反応の変化の場合である（**表 0-1**）。動物に投薬したり脳を破壊したりした場合の行動変化を調べるのは生理心理学，認知課題遂行中の人間の脳波を測定するのは精神生理学ということになる。ただ，動物実験による研究は生理心理学，人間の実験参加者を用いた研究は精神生理学という分け方をすることも多い。

認知神経科学・神経心理学　　機能的磁気共鳴画像（**fMRI**）などの非侵襲的脳機能測定法（第 9 章参照）を用いた研究はスターンの分類によると精神生理学に含まれるが，人間の脳の活性化部位をコンピュータ画像により解析する分野を特に**認知神経科学**と呼ぶことがある。また，神経心理学は，脳損傷患者に生じた障害の研究を通じて脳と心の関連について調べるとともに，得られた結果を患者のリハビリテーションに役立てようとする分野を指す。

表 0-1　スターンによる生理心理学と精神生理学の区別
（藤澤ら，1998 を改変）

	独 立 変 数	従 属 変 数
生理心理学	脳破壊 脳刺激 薬物投与 食餌操作	学習―行動的なもの 作業遂行 条件づけ 食物選択
精神生理学	聴覚刺激 覚識実験 断眠 心理学的または精神医学的状態（恐怖，不安，抑うつなど） 夢見	定位反応の慣れ 脳波の誘発反応 背景脳波 生理系の条件づけ能力 生理的相関

この表にある「生理心理学」は，狭義の生理心理学にあたる。なお，独立変数とは，実験者が操作する変数（原因とされる変数）であり，従属変数とは，実験者が測定する変数（結果とされる変数）のことである。

● 全体論と局在論

図0-1に示したのは，左側面から見た人間の脳の模式図である。成人の脳の重さは1,300〜1,400グラムほどである。もちろん，人間以外にも脳を持つ動物は多いが，一般に人間の脳のほうがはるかに複雑であり，だからこそ人間においては動物よりも高次で複雑な精神機能が実現されていると考えられる。

今では，心が脳の働きであるという考えは多くの人に受け入れられているが，そのことが実証的に示され出したのは，ここ170年ほどのことである。様々な精神機能を司る脳の働きについての具体例は本書の随所で紹介される。本章では，**全体論**と**局在論**について見ておこう。どのような精神機能であっても脳全体が働いて生じていると考えるのが全体論であり，ある特定の精神機能がある特定の脳部位の働きによって実現されると考えるのが局在論である。大脳皮質（脳表面近くの神経細胞層。第1章参照）の機能に関し，この対立的な両方の考え方が古くからあった。

ラシュレイの全体論　20世紀前半の生理心理学者であるラシュレイは，ネズミ（ラット）の大脳皮質を破壊したときの学習成績を比較した。その結果，成績は損傷部位よりも損傷量に左右されることを見出した。彼は，等能性と量作用という概念を用い，全体論を主張した（Topic参照）。しかし，現在では局在論を支持する知見が多数得られている。たとえば，言語障害を持つ失語症患者は多くの場合左半球のある特定部位の損傷を有し（第11章），記憶障害を持つ健忘患者の脳損傷部位もまた，いくつかのパターンに限られる（第4章）。様々な精神機能がどのような神経回路によって司られているのかを明らかにするのが現在の生理心理学研究の基本姿勢である。

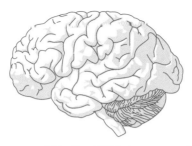

図 0-1　人間の脳の外観図（Kahle, 2001）
脳を左側面から見た図である。

Topic　ラシュレイの全体論（等能性と量作用）

　カール・ラシュレイ（1890-1958）は，行動主義の提唱者
であるワトソンの指導を受けて心理学の道に入り，行動の神
経機構の実験的研究を精力的に行った。その中で生まれたの
が，皮質の**等能性**（equipotentiality）と**量作用**（mass action）
という理論である。

　彼は，ラットを用いた学習実験において，大脳皮質（第1
章参照）を様々な部位・様々な量破壊し，迷路学習の成績を
比較した。その結果，皮質の破壊量に比例して学習成績が低
下するという関係があり，また，破壊された領野に関わらず，
破壊量が等しければほぼ同一の学習成績であった。等能性と
は，破壊された部位が担っていた機能を無傷の皮質部位が遂
行し得るということであり，量作用とは，複雑な機能の遂行
は大脳の損傷の広さに比例して低下するということである。
つまり，ラシュレイの説は脳機能の全体説に立ったものであ
る。ただし，ラシュレイも感覚や運動など，ある種の機能局
在は認めており，等能性や量作用が適用されるのは知能のよ
うな全般的な精神機能であるとした。

● 生理心理学の研究方法

　脳と心の関係を実験によって調べるのが生理心理学であるから，研究においては，脳や身体への操作が行われたり，脳や身体の活動が測定されたりする。代表的な研究方法を列挙してみよう。

　刺激法　　刺激法とは脳の一部分を人工的に活性化させた時の行動変化を調べる方法である。脳活動とは神経細胞の電圧変化なので（第2章），動物の脳に電極を刺して電気刺激することにより，人工的に神経細胞を興奮させ得る。また，脳への薬物注入や光遺伝学の手法（第1章参照）により神経細胞活動を操作したり，磁気刺激により人間の脳を局所的に活性化させる方法もある。

　破壊法　　破壊法とは，動物の脳の一部を破壊し，その行動変化を測定することにより，その破壊部位が担っていた機能を調べる方法である。外科的手術による切除，電気的な破壊，薬物注入による破壊などがある。人間に対しては当然実験的な破壊は行われないが，麻酔薬の一種を血中に投与して脳機能低下を一時的・局所的に起こしたり（和田法），疾病や事故・手術などで脳の一部の機能を失った場合の行動変化を調べる場合がある。

　記録法　　記録法とは，人間が課題などを遂行している時の生理指標を測定する方法である。脳波や血圧・心拍・呼吸など，様々な生理指標が用いられる。動物の脳に記録電極を刺入して神経細胞の活動を電気的に記録したり，カニューレ（細い管）を刺入し脳内の化学物質を測定したりすることもある。

　分子生物学的方法　　分子生物学的方法とは，タンパク質（第1章参照）を遺伝子工学的に操作してその機能を変化させた時の行動変化を調べる方法である。遺伝子改変動物を用いた研究などがある（Topic 参照）。

Topic 遺伝子工学と心理学

　2004年10月にヒトゲノムの解読が完了した（ゲノムとは私たちが持つ遺伝子1セットを指す）。遺伝子とはタンパク質の設計図であり，DNA分子の塩基配列がその実体である。脳機能においてタンパク質は重要な役割を果たしており（第1章），研究に遺伝子工学的技法を取り入れる生理心理学者も近年増えてきている。

　1人の人間は数十兆個の細胞からできているといわれている。各細胞の核には46本の染色体という形でDNA分子がパックされている（染色体の半数は父親から，半数は母親から受け継いでいる）。DNAがいわばタンパク質設計図の原本であり，DNAの塩基配列をmRNA（メッセンジャーRNA）という分子へと転写されたものを元にしてタンパク質が合成される（翻訳という）。この，DNA→RNA→タンパク質の流れのことを**セントラルドグマ**という。実際にはこの転写・翻訳の過程は様々な調節を受け，部位や状況によって変化する。どのような条件下でどのような機能のタンパク質がどこに発現するのか，を明らかにすることが遺伝子研究における現在のホットな課題となっている。

　行動におけるタンパク質の機能を明らかにする一つの方法は，遺伝子改変動物を作製し，その行動を通常の動物（野生型という）との間で比較することである。受精卵に外来遺伝子を導入するトランスジェニック動物や，ある遺伝子を生まれつき欠損させたノックアウト動物などがある（マウスが用いられることが多い）。ノックアウト動物において何らかの行動異常が見られた場合，欠損した遺伝子がその機能にとって重要であることが予想される。

　生体の生存にとって重要なタンパク質をノックアウトした場合そもそも生まれてこない，といった胎生致死の問題や，ある脳部位のある特定のタンパク質だけをノックアウトすること（部位特異性）の困難さという問題があったが，現在ではコンディショナルノックアウトという方法によって，部位特異性や時期特異性を持たせたノックアウト動物も作製されている。

● 作業仮説としての一元論

　心と脳の関係は古くからの哲学的な問題であり，大きく分けて**一元論**と**二元論**とに分かれる（図0-2）。一元論は心と脳（身体）とは同一であると考え，二元論は心と脳とは別（それぞれが独立に存在する）と考える。生理心理学者は一元論の立場で研究を進めている。ただしこれは作業仮説であって，生理心理学を研究・学習する上で一元論を「信じる」ことが強制されるわけではない。一元論的アプローチによって脳と心の関係が完全に解明される日がくるかもしれない反面，研究を進めても説明できないことが残る（つまり二元論が支持される）可能性もゼロではないからである。また，生理心理学は脳といういわばモノの働きで心を説明しようとしている点で，心の価値を低くする学問だという誤解を受けることがある。しかし見方を変えれば，モノである脳の活動がすなわち心なのであり，単なるモノであっても組み合わさり方によっては心の土台になり得ている点で，モノの価値を心のレベルに高める学問と考えられるのではないだろうか。生理心理学者も，心の不思議さを日々実感している人たちに含まれる。

● 本書の目的

　生理心理学の研究対象は，マクロからミクロまで，様々なレベルにわたっている。人間（動物）全体のレベル，神経経路レベル，局所的な神経回路レベル，単一神経細胞レベル，神経細胞に存在するタンパク質レベル，さらには個々の分子のレベルに至る。各レベルが互いに密接に関連しており，どのレベルかだけが解明されればよいというものではない。本書は，心理学としては細かすぎると読者が一見感じるぐらいのレベルから脳を説きおこし，高次機能の正しい理解につなげることを目的としている。

一　元　論	二　元　論
観　念　論 すべては精神的である	**オートノミズム** 脳と精神は 全く独立している
中性的一元論 未知の中性的実体の精 神的現われと物理的現 われ	**平　行　説** 同時に生起する
消去的唯物論 精神は存在しない	**随伴現象説** 脳が精神を分泌する
還元的唯物論（物理主義） 精神＝物理的諸状態の集合	**アニミズム** 精神は脳を操縦する
創発主義的唯物論 精神＝創発的生物活動 の集合	**相互作用説** 脳は精神の「基礎」であ るが，しかも前者は後 者によって制御される

図 0-2　**一元論と二元論**（Bunge, 1980 を一部改変）
脳と心の関係についての様々な考え方がまとめられている（実線は脳，点
線は精神を表している）。

●●●● 参考図書

ヘッブ，D. O.　白井　常・鹿取　廣人・平野　俊二・金城　辰夫・今村　護郎（訳）（1975）．行動学入門——生物科学としての心理学——第3版　紀伊國屋書店

　生物科学を基盤とした心理学入門である．心を科学的に研究するとはどういうことなのかという点から説きおこしている．

二木　宏明（1984）．脳と心理学——適応行動の生理心理学——　朝倉書店

　生理心理学における重要な知見が体系的に網羅されている．刊行から年数を経ているが，丁寧に記載された研究史をはじめ，生理心理学の学習者が知っておくべき基盤的知見がまとまっている点で，今なお有用な書である．

村上　郁也（編）（2010）．イラストレクチャー認知神経科学　オーム社

　書名には認知神経科学とあるが，マクロな側面だけでなくミクロな水準にも記述が及んでおり，生理心理学の学習にも適している．

日本生理心理学会（企画）堀　忠雄・尾﨑　久記（監修）坂田　省吾・山田　富美雄（編集）（2017）．生理心理学と精神生理学　第Ⅰ巻　基礎　北大路書房

　生理心理学における基礎的部分を詳細に論じており，ヒトの生体反応の計測技術，動物実験における実験法などを網羅的に知ることができる．

日本動物心理学会（監修）小川　園子・富原　一哉・岡田　隆（編）（2023）．動物心理学入門——動物行動研究から探るヒトのこころの世界——　有斐閣

　動物心理学の各トピックについて，とくに生理心理学的手法を用いた研究を中心にわかりやすく紹介している．

脳 の 構 造

　人間の精神機能を実現しているのは脳の活動である。精神機能の生物学的基礎を学ぶということは脳の働き（機能）を知ることであるが，そのためにはまず，脳が何からできているのかを具体的に知らなくてはならない。本章では，脳の解剖学的な側面，および脳の活動の主役である神経細胞の形態について学ぶ。神経細胞の信号発生に不可欠であるタンパク質の構造についても述べる。

● 脳は何からできているか

脳の主な構成要素は，神経細胞・グリア細胞・血管である。

神経細胞とグリア細胞 　神経細胞（ニューロン）は，脳における情報処理の中心的役割を果たしている。人間の脳には数千億個の神経細胞が存在するといわれている。図1-1は，典型的な神経細胞の模式図である。神経細胞は一般の体細胞とはかなり異なった形をしている。核を持つ**細胞体**から樹状に突起が何本も伸びており，この部分を**樹状突起**と呼ぶ。また，細胞体から比較的はっきりとした1本の長い突起が伸びており，これを**軸索**という。

神経細胞の重要な働きは，ある神経細胞から信号を受け取り，それを別の神経細胞へと伝達することである。典型的には，樹状突起や細胞体の部分で信号を受け取り，信号が軸索を伝導し，軸索の末端部（**軸索終末部**という）において信号伝達を行う。

一方，グリア細胞（図1-2）は主に神経細胞を支持する働きを持ち，数は神経細胞の十倍ほどあるといわれている。不要な化学物質を取り込んだり，栄養物の補給をしたりする機能がある。

血液─脳関門 　**血管**によって，酸素やエネルギー源を含んだ血液が脳に供給される。血中には様々な化学物質が含まれているが，どのような物質でも血管を通過するわけではない。この通過の選択性のことを**血液─脳関門**と呼び，有害物質から脳を守る働きがある。薬理作用を調べる実験では投与薬物が血液─脳関門を通過するかどうかは重要なので，注意が必要である。

脳室と脳脊髄液 　脳には**脳室**と呼ばれる空間部分があり，部位ごとに，**側脳室**，**第3脳室**，**第4脳室**と呼ばれる。脳室は**脳脊髄液**で満たされており，脳脊髄液は脳表面とも交通している。脳脊髄液によっても化学物質の移動が行われ得る。

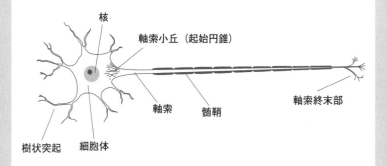

図1-1　神経細胞の模式図（Kahle, 2001を改変）

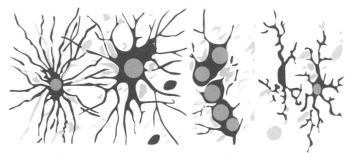

線維性
アストロサイト

原形質性
アストロサイト

オリゴデンドロ
サイト

オルテガ細胞

図1-2　様々な形態のグリア細胞（Kahle, 2001）

中枢神経系と末梢神経系

神経系の分類　脳は神経系の一部である。人間の神経系は，**中枢神経系**と**末梢神経系**とに分類される。中枢神経系とは脳と脊髄のことを指し，この中枢神経系から出入りする神経系を末梢神経系という。末梢神経系はさらに**体性神経系**（体性感覚や随意運動を司る）と**自律神経系**（内臓と脳との連絡を司る）に分類される。情動や動機づけにはこの自律神経系の働きが重要であり，**交感神経系・副交感神経系**に分けられる（第6章参照）。

大脳皮質と脳地図

大脳皮質　脳の断面を見ると，やや灰色がかった部分と白い部分とに分かれている（図1-3）。灰色の部分（**灰白質**）は神経細胞の細胞体が多く集まった場所であり，白い部分（**白質**）は軸索が通っている場所である。脳の縁の部分に灰白質の層があり，その部分を特に**大脳皮質**と呼ぶ。様々な精神機能を実現する上で大脳皮質の働きが重要である。また，脳の奥深くにも灰白質があり，細胞体の集まった局所的な部分を核と呼ぶことがある。

ブロードマンの脳地図　大脳皮質の細胞を染色して断面を拡大すると，人間の場合，どの部分の大脳皮質も6層構造をなしていることがわかる。各層を構成している細胞の形や層の厚さなどが，部位によって微妙に異なる。この層構造の差異に着目し，細胞構築学的に大脳皮質の地図を作ったのがブロードマンである。層構造が類似の領域に一つの番地をあて，大脳皮質を52のエリアに分けた（ブロードマンの脳地図；図1-4）。元来はこのように解剖学的な領野分けであったが，その後の研究で，ブロードマンの領野が機能の違いにもよく対応していることがわかり，生理心理学においてもこの地図に基づいて議論されることが多い。

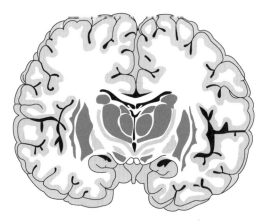

図1-3　脳の前頭断面 (Kahle, 2001)

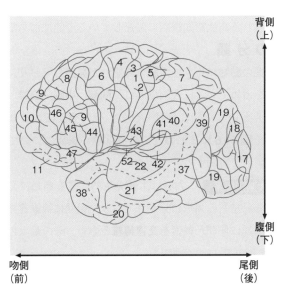

図1-4　ブロードマンの脳地図 (Wilson, 2003)
第52野まであるが，ヒトでは第48～51野が欠如する。

● 脳の外観

溝と回　人間の脳を外側から見ると多数の皺が認められる。この皺を溝（または脳溝）といい，溝と溝の間の脳表面を回（または脳回）と呼ぶ。断面図から分かるように，多数の溝があるということは脳の表面積が大きいということであり，多数の神経細胞をコンパクトにまとめる点で有利である。溝ごとに名称があるが，代表的なものとしては中心溝と外側溝がある（**図1-5**）。

大脳皮質の4領野　脳の外観に基づき，大脳皮質を4つの部分に分けて呼ぶことがある。**図1-5**のように，中心溝の前の部分を**前頭葉**，中心溝の後ろの部分を**頭頂葉**，外側溝の外側を**側頭葉**，脳の最も後ろの部分を**後頭葉**という。他の動物に比べると，人間は前頭葉の占める割合が大きいことから，前頭葉は人間に特徴的にみられる高次認知機能に関連している可能性がある。

● 脳の分類

人間は他の動物に比べて**大脳**（終脳）が発達しており，外観のほとんどを占めている。大脳以外に，**間脳**，**小脳**，**脳幹**（**中脳**，**橋**，**延髄**）という部分に分けられる。それぞれに含まれる脳部位の概略を**図1-6**にまとめた。各脳部位の機能については本書の様々な箇所で説明する。

大脳と大脳辺縁系　大脳は系統発生的に最もあとに発生した部分である。左右の半球に分かれており，相互に線維連絡がある。反対側の半球に伸びた軸索を**交連線維**といい，その最大のものは脳梁である（第11章参照）。

また，情動機能に深い関わりのある脳部位をまとめて**大脳辺縁系**と呼ぶことがある。帯状回，海馬，扁桃体，脳弓，中隔などを含む，機能的な単位である。

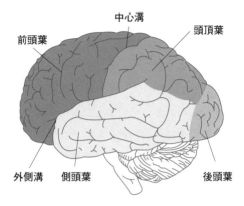

図 1-5　大脳皮質の 4 領野（Kolb & Whishaw, 2001）

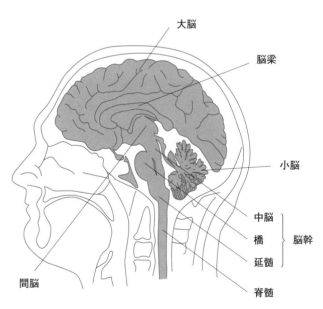

図 1-6　大脳より下位の脳部位（Nicholls et al., 2001）

● 神経細胞の信号伝達部位

神経細胞から神経細胞への信号伝達が行われる接合部分のことをシナプスと呼ぶ。典型的には軸索終末部と樹状突起間，軸索終末部と細胞体間に形成されるが，他の形態のものもある。

化学シナプス　大多数のシナプスは化学物質（神経伝達物質）によって信号が伝えられる。そのようなシナプスをとくに化学シナプスと呼ぶ。信号を出す側の神経細胞（シナプス前細胞）と信号を受け取る側の神経細胞（シナプス後細胞）との間は密着しているわけではなく，わずかに隙間がある（シナプス間隙）。シナプス前細胞が興奮すると軸索終末部から神経伝達物質がシナプス間隙に放出され，シナプス後部の受容体に結合することによってシナプス後細胞の活性化状態が変化し得る（図1-7）。

● 神経細胞の興奮

このように，神経細胞から神経細胞への信号伝達を引きおこすのはシナプス前細胞の興奮である。神経細胞の興奮を支える分子について次節から述べるが，「神経細胞が興奮する」とは具体的にはどういうことなのかを理解しておこう。

膜電位　神経細胞の外側と内側とは脂質二重層でできた細胞膜で隔てられており，細胞内外に電圧がかかった状態になっている（電位差がある，という）。細胞外を基準（ゼロ）とした時の細胞内の電圧を膜電位という（図1-8）。興奮していない静止状態の膜電位（静止膜電位）は約 -60mV である（なぜその値になるかは次章で説明する）。興奮性のシナプス入力を受けた神経細胞の膜電位はプラス方向に変化する。軸索での興奮すなわち活動電位の場合，約 $+40\text{mV}$ まで膜電位が上昇する。このように，膜電位が静止膜電位よりも上昇することが，神経細胞の興奮である。

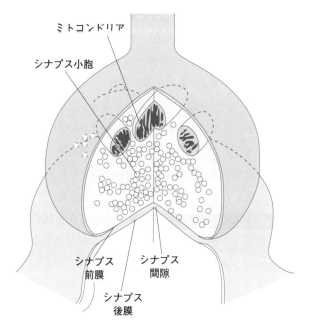

ミトコンドリア

シナプス小胞

シナプス　　　シナプス
前膜　　　　　間隙

シナプス
後膜

図 1-7　化学シナプス（Thompson, 2000）

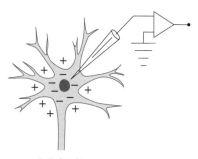

細胞内記録

図 1-8　膜電位の測定（Nicholls et al., 2001）
細胞内に微小電極を刺し，細胞外を基準にした細胞内の電圧を測定する。

● イオン輸送を司るタンパク質

イオンの動きと膜電位　膜電位変化を生じさせているのは，神経細胞内外を行き来するイオンである。ナトリウムイオン（Na⁺），カリウムイオン（K⁺），カルシウムイオン（Ca²⁺），塩化物イオン（Cl⁻）などが細胞内外にある。イオンは正（プラス）または負（マイナス）の電荷を持っており，図1-9のように，正のイオン（陽イオン）であるNa⁺が細胞外から細胞内に流入すると，膜電位はプラス方向に変化する（興奮）。負のイオン（陰イオン）であるCl⁻が流入すると膜電位はマイナス方向に変化する（抑制）。

イオンの通り道となる膜タンパク質　ところが，脂質二重層からなる細胞膜は，そのままではイオンをほとんど通さない。細胞膜には多数の**タンパク質**が埋め込まれており，このタンパク質がイオンの通り道となっている（膜に埋め込まれたタンパク質を**膜タンパク質**と呼ぶ。図1-10）。膜タンパク質は性質の違いによって，イオンチャネル，トランスポーター，ポンプなどに分類されるが，ここではイオンチャネルについて述べる。

イオンチャネル　イオンチャネルは，ある特定のイオンの通り道となる。しかし常に開きっぱなしでは役に立たず，通すべき時にだけイオンを通す必要がある。その指令となる刺激はイオンチャネルの種類によって異なり，チャネルに作用し得る化学物質（リガンド）であったり，膜電位変化であったりする。シナプスで神経伝達物質を受け取る受容体のうちイオンチャネルを持つものは，**リガンド依存性イオンチャネル**に属する。また，膜電位の変化を感知して開くものは**膜電位依存性イオンチャネル**と呼ぶ。通すイオンの名前を冠し，ナトリウムイオン（Na⁺）チャネルやカルシウムイオン（Ca²⁺）チャネルなどと呼ぶこともある。

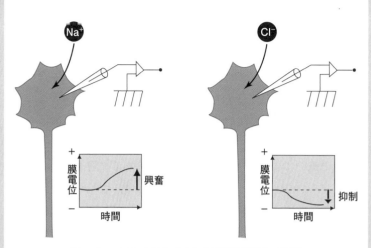

図1-9　イオンが流れる方向と膜電位変化との関係

陽イオンの流入で膜電位が上昇し（左図），陰イオンの流入で膜電位が下降する（右図）。なお，イオンが流出する場合は膜電位変化の極性も逆になる（陽イオンの流出によって膜電位は下降し，陰イオンの流出によって膜電位は上昇する）。

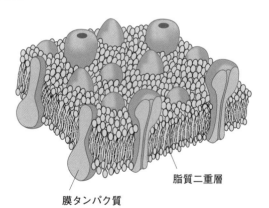

脂質二重層

膜タンパク質

図1-10　脂質二重層に埋め込まれた膜タンパク質
（Nicholls et al., 2001）

タンパク質の構造

アミノ酸とタンパク質　タンパク質は，アミノ酸が一列につながった構造をしている。動物のタンパク質は 20 種類のアミノ酸からなっており，どのような順序でアミノ酸が結合するかによってタンパク質の性質が決まる。アミノ酸配列は DNA の遺伝子情報（塩基配列）が決めている（第 0 章参照）。アミノ酸は中央に炭素，両端に**アミノ基**と**カルボキシ基**を持つ共通の構造があり，側鎖の違いによってアミノ酸の種類が決まる（図 1-11）。アミノ酸どうしの結合はアミノ基とカルボキシ基が結合することによって行われ（**ペプチド結合**），一般にアミノ酸が十個〜数十個つながるとポリペプチド，それ以上の長さのものをタンパク質と呼ぶ。両端のアミノ酸のアミノ基とカルボキシ基がそれぞれ結合せずに余ることになり，N 末端および C 末端という。アミノ酸が一列になっているといっても棒のような形をしているのではなく，各アミノ酸の性質に依存して立体的な構造をとる。

受容体の例　グルタミン酸の受容体の一つである AMPA 受容体を例にとって説明しよう。AMPA 受容体を構成するタンパク質の一つである GluR2 は 862 個のアミノ酸がつながったものであり，アミノ酸配列もわかっている。生体内では，このようなタンパク質が 4 個集まって 1 つの AMPA 受容体を形成している。グルタミン酸がこのタンパク質に結合するとイオンが通る小さな孔があき，グルタミン酸が離れると孔は閉じる。どのようなイオンが通るかは受容体の種類によって決まっている。参考書などではよく図 1-12 のように受容体を簡略化してブロック状に描いたりするが，実際にはアミノ酸が一列につながってできていることを想像してほしい。

$$
\begin{array}{c}
\overset{\overset{\displaystyle R}{\vert}}{\underset{\overset{\displaystyle H}{\vert}}{C}} \\
H-N-C-C-OH \\
\end{array}
$$

$$
\overset{H}{\underset{H}{\diagdown}}N-\overset{R}{\underset{H}{\overset{\vert}{C}}}-\overset{O}{\overset{\parallel}{C}}-OH
$$

（−NH₂）　（−COOH）

【アミノ基】　【カルボキシ基】

構造式

図1-11　アミノ酸の基本構造

R（側鎖）以外はすべてのアミノ酸で共通である（アミノ酸の種類ごとにR
が異なる）。

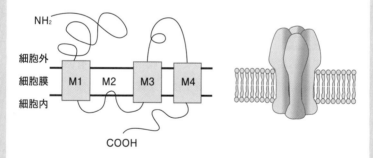

図1-12　アミノ酸配列の略図（左）と，受容体の模式図（右）

AMPA受容体は4つのサブユニットからなり，左図が右図のサブユニット1
つ分に相当する。M1〜M4は膜貫通（または陥入）領域。

神経細胞の構造

神経細胞の働きは，他の神経細胞からの信号を受け取り，十分な入力があった時にその信号を別の神経細胞に届けることである。それを可能にしている構造について概観しておこう。

受容体の分類 神経細胞の樹状突起には，ある特定の神経伝達物質に結合する受容体が埋まっている。受容体自身がイオンチャネルを持つものを**イオンチャネル型**（ionotropic）**受容体**という。一方，自身はイオンチャネルを持たず，細胞内物質（セカンドメッセンジャー）を介して別のイオンチャネルに作用する場合は**代謝型**（metabotropic）**受容体**という（図1-13）。イオンチャネルの開閉によりイオンが流出入すると膜電位が変化する。

軸索小丘 細胞体から軸索への移行部を**軸索小丘（起始円錐）**という（図1-1参照）。この部分には膜電位依存性ナトリウムイオン（Na^+）チャネルや膜電位依存性カリウムイオン（K^+）チャネルが高密度に存在し，活動電位（第2章）の発生部位である。

軸索と髄鞘 **軸索**には**髄鞘**というグリア細胞でできたサヤが巻かれている場合があり，そのような軸索のことを**有髄線維**という。有髄線維では約1mm間隔で軸索が露出した部分（ランビエ絞輪）がある。この部分にも膜電位依存性 Na^+ チャネルや膜電位依存性 K^+ チャネルが膜に埋まっている。

軸索終末部 **軸索終末部**には，神経伝達物質を包み込んだシナプス小胞が内部で待機している。細胞膜には膜電位依存性 Ca^{2+} チャネルがある。このチャネルを経由して Ca^{2+} が細胞内に流入することが引き金となって，シナプス小胞がシナプス前膜に融合し，小胞内の神経伝達物質がシナプス間隙に放出される。

神経細胞の働きについては，次章で学ぶ。

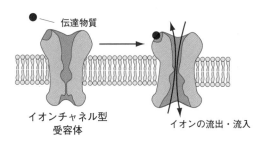

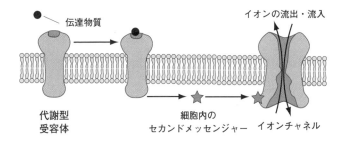

図1-13　イオンチャネル型受容体と代謝型受容体
（Nicholls et al., 2001）

Topic　光遺伝学——神経細胞の興奮を光で制御する

　神経科学研究における新たなツールとして，**光遺伝学**（オプトジェネティクス）が近年注目されている。これは，光で活性化されるタンパク質を動物の脳の神経細胞に発現させることにより，ある特定の脳領域や神経細胞を光照射によって興奮させたり抑制させたりする技術である。

　微生物の光受容タンパク質にはイオンを通すものがあり，たとえばチャネルロドプシン2（ChR2）は青色光を受けてイオンチャネルが活性化され，ハロロドプシン（NpHR）は黄色光を受けてポンプが活性化される（**図1-14**）。チャネルロドプシン2は陽イオン（Na^+, K^+, Ca^{2+}）を通し，ハロロドプシンは陰イオン（Cl^-）を細胞内に取り込む。これらのタンパク質を，ある特定の（実験者が調べたい）神経細胞に，遺伝子工学的な手法を用いて発現させておき，その動物の脳に挿入した光ファイバーから光を照射することによって脳内の神経細胞の興奮・抑制を制御し得る。チャネルロドプシン2を発現した神経細胞は青色光を受けて興奮し，ハロロドプシンを発現した神経細胞は黄色光を受けて抑制されることになる。

　動物の脳の神経細胞を刺激する方法としては電気刺激や薬理刺激が主に用いられているが（第0章参照），光遺伝学は，実験者の狙い通りの神経細胞を制御できる点や，刺激のタイミングも厳密に制御できるといった特長を有しており，生理心理学の新たなツールとして動物の行動実験にも使われ始めている。

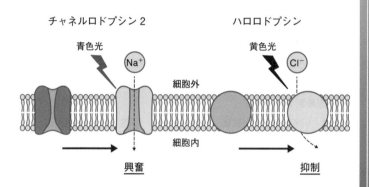

チャネルロドプシン2　　　　　　　　ハロロドプシン

青色光　　　Na⁺　　　　　　黄色光　　　Cl⁻

細胞外

細胞内

興奮　　　　　　　　　　　　　　抑制

図1-14　チャネルロドプシン2とハロロドプシン（石金, 2022を一部改変）
チャネルロドプシン2が発現した神経細胞に青色光を照射すると陽イオン
が透過し，その神経細胞は興奮する。ハロロドプシンが発現した神経細胞
に黄色光を照射すると陰イオンが細胞内に取り込まれ，その神経細胞は抑
制される。

●●●● 参考図書

河合 良訓（監修）（2005）．脳単——語源から覚える解剖学英単語集
　　［脳・神経編］—— NTS

　英語の書籍や原著論文を読む際，数多くの解剖学用語があるために
敷居が高く感じてしまいがちだが，専門用語の日本語・英語対照に的
を絞った本書を傍らに置いておくと便利である。図も豊富にある。

カーレ，W.　平田 幸男（訳）（2011）．分冊解剖学アトラス III——神
　　経系と感覚器——　第 6 版　文光堂

　神経解剖学の体系的教科書として定評があり，解剖学用語の日本語
には英語も併記されている。ハンディで参照しやすい。

坂井 建雄・河原 克雅（総編集）河田 光博・稲瀬 正彦（2017）．カ
　　ラー図解　人体の正常構造と機能　改訂第 3 版　VIII神経系（1）
　　日本医事新報社

坂井 建雄・河原 克雅（総編集）久野 みゆき・安藤 啓司・杉原 泉・
　　秋田 恵一（2017）．カラー図解　人体の正常構造と機能　改訂
　　第 3 版　IX神経系（2）　日本医事新報社

　大型本の体裁を生かし，大きめのイラスト図版によって神経系の全
体像がとらえやすい作りとなっている。

ヤング，P. A.・ヤング，P. H.・トルバート，D. L. 村上 徹・櫻井 武
　　（監訳）（2019）．臨床のための脳と神経の解剖学　メディカル・
　　サイエンス・インターナショナル

　神経解剖学の知識を臨床症状と結びつけて理解できる点で，生理心
理学および神経心理学の学習に有益である。

脳 の 信 号

　精神機能・行動の生物学的基礎を学習する上で，脳の活動とは具体的に何がどうなることなのかを理解する必要がある。前章で，神経細胞の興奮は膜電位のプラス方向への変化であり，膜電位の変化を引き起こすものは膜内外に存在する各種イオンであること，イオンの通り道は膜タンパク質であることを学んだ。本章では，神経細胞の膜電位変化の原理について，より詳しく述べる。イオンチャネルの開閉と膜電位変化との関係や，シナプス後部の膜電位変化と軸索の膜電位変化との性質の違いなどについて理解してほしい。

平 衡 電 位

神経細胞の信号の性質を理解するには，平衡電位の概念を理解することが不可欠である。あるイオンの膜透過性（通りやすさ）が変化した時の膜電位がどうなるかについて考えてみよう。

イオンの流入・流出の原理　　たとえばカリウムイオン（K^+）だけを通す K^+ チャネルが開いた時，K^+ は細胞内に流入するだろうか，それとも細胞外へと流出するだろうか。イオンの動く方向（流入か流出か）を決める要因を考えてみよう。

まず，細胞内外のイオン濃度差が挙げられる。K^+ の場合は細胞内のほうが細胞外よりも高濃度であるから，チャネルが開くと K^+ は高濃度側（細胞内）から低濃度側（細胞外）へと動こうとするはずである。このような**濃度勾配**に従った移動が考えられる。

しかしもう一つ重要な要素がある。細胞の内外に電位差があると，プラスの電荷をもった K^+ は，よりマイナスの領域にひきつけられる。つまり，その時の膜電位もイオンの移動方向に影響を及ぼすので，**電位勾配**に従った移動も考慮する必要がある（電位勾配をゼロにするような方向にイオンが移動する）。濃度勾配と電位勾配を合わせた駆動力のことを**電気化学ポテンシャル**と呼ぶ。

平 衡 電 位　　膜タンパク質を介しての細胞膜透過を許されたイオンが動く方向は，電気化学ポテンシャルをゼロにするような方向である。濃度勾配と電位勾配が釣り合って，電気化学ポテンシャルがゼロになる膜電位のことを，そのイオンの**平衡電位**と呼ぶ。言い換えると，あるイオンの透過性が高まると，膜電位はそのイオンの平衡電位の方向に向かって変化する（図 2-1）。

平衡電位はイオンごとに異なる。細胞内外の濃度比と価数を**ネルンストの式**に代入すれば，平衡電位が算出される（図 2-2）。

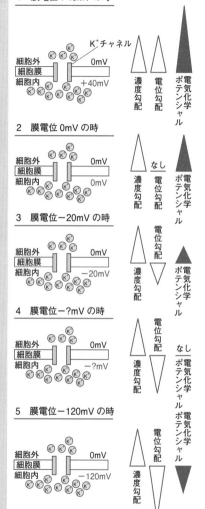

1 膜電位＋40mV の時

細胞外
細胞膜
細胞内

K⁺チャネル
0mV
＋40mV

濃度勾配　電位勾配　電気化学ポテンシャル

膜電位が＋40mV の時，
K⁺の電気化学ポテンシャルは外向きなので
K⁺は流出していく。
プラスの電荷（K⁺）が流出するので，
膜電位は下がっていく。

2 膜電位 0mV の時

細胞外
細胞膜
細胞内

0mV
0mV

濃度勾配　なし電位勾配　電気化学ポテンシャル

膜電位が 0mV の時，
K⁺の電気化学ポテンシャルは外向きなので
K⁺は流出していく。
プラスの電荷（K⁺）が流出するので，
膜電位は下がっていく。

3 膜電位－20mV の時

細胞外
細胞膜
細胞内

0mV
－20mV

濃度勾配　電位勾配　電気化学ポテンシャル

膜電位が－20mV の時，
K⁺の電気化学ポテンシャルは外向きなので
K⁺は流出していく。
プラスの電荷（K⁺）が流出するので，
膜電位は下がっていく。

4 膜電位－?mV の時

細胞外
細胞膜
細胞内

0mV
－?mV

濃度勾配　電位勾配　なし電気化学ポテンシャル

膜電位が－? mV の時，
K⁺の電気化学ポテンシャルはゼロなので
K⁺は流出も流入もしない。
電荷の行き来が（見かけ上）なくなるので，
膜電位は<u>この膜電位</u>に落ち着く。
＝＝
K⁺の平衡電位と呼ぶ。

5 膜電位－120mV の時

細胞外
細胞膜
細胞内

0mV
－120mV

濃度勾配　電位勾配　電気化学ポテンシャル

膜電位が－120mV の時，
K⁺の電気化学ポテンシャルは内向きなので
K⁺は流入する。
プラスの電荷（K⁺）が流入するので，
膜電位は上がっていく。

図2-1　イオンの透過性と平衡電位・膜電位との関連
イオンの流入・流出によって，膜電位は比較的容易に変化するが，細胞内外
のイオン濃度はほとんど変化しない。

● 静止膜電位

　神経細胞における信号とは，細胞膜をはさんだ電圧の変化である。細胞外を基準にした細胞内の電圧のことを**膜電位**といい，通常の神経細胞の膜電位は約 $-60mV$ である。このような，興奮していない静止時の膜電位のことを**静止膜電位**と呼ぶ。

　ところで，電池が埋まっているわけでもないのに，なぜ神経細胞の静止膜電位はマイナス側に分極しているのであろうか。

　静止膜電位の原理　　前節で述べたように，あるイオンの透過性が高まると，膜電位はそのイオンの平衡電位に向かって変化する。このことから，静止膜状態において，平衡電位がマイナス数十mV付近であるイオンの透過性が他のイオンの透過性よりも高いのではないかと推測できるだろう。実験的証拠により，静止膜状態においては K^+ の透過性が相対的に高いことがわかっている。表2-1に示された値をネルンストの式（図2-2）に代入すると，K^+ の平衡電位は約 $-75mV$ であり，K^+ の透過性が相対的に高い場合には，膜電位がその平衡電位付近で落ち着くことになる。ただし，静止膜状態ではナトリウムイオン（Na^+）や塩化物イオン（Cl^-）の透過性もわずかにあり，それらのイオンの平衡電位の影響も受けるため，静止膜電位は K^+ の平衡電位に完全に一致するわけではない。複数のイオン透過性がある場合に膜電位が何mVになるのかを知るためには，透過性で重みづけしたゴールドマンの式に細胞内外のイオン濃度を代入すればよい（図2-3）。

　静止膜電位という用語から，静止状態の神経細胞は何も働いていないような印象を受けがちであるが，以上述べたことからもわかるように，K^+ イオンの透過性を高めるという手段で，負に分極した膜電位を積極的に作り出していると考えた方が適切である。

表 2-1 細胞内外のイオン濃度（イカ巨大軸索）

イカ巨大軸索		
イオン種	細胞内	細胞外
K^+	400mM	20mM
Na^+	50mM	440mM
Cl^-	51mM	560mM
Ca^{2+}	0.4mM	10mM
Mg^{2+}	10mM	54mM
有機陰イオン	360mM	—

$$E_{ion} = \frac{58}{Z} \times \log_{10} \frac{[イオン]_o}{[イオン]_i}$$

E_{ion}：当該イオンの平衡電位

Z ：イオンの価数（たとえばCa^{2+}なら2）

$[イオン]_o$：当該イオンの細胞外濃度

$[イオン]_i$：当該イオンの細胞内濃度

図 2-2 ネルンストの式

上に示したものは，本来のネルンストの式を簡便にした式である（室温条件下）。

$$V_m = 58 \times \log_{10} \frac{[K^+]_o + (P_{Na}/P_K) \ [Na^+]_o + (P_{Cl}/P_K) \ [Cl^-]_i}{[K^+]_i + (P_{Na}/P_K) \ [Na^+]_i + (P_{Cl}/P_K) \ [Cl^-]_o}$$

V_m：膜電位

$[イオン]_o$：各イオンの細胞外濃度

$[イオン]_i$：各イオンの細胞内濃度

$P_{イオン}$：各イオンの膜透過係数

図 2-3 ゴールドマンの式

ゴールドマン=ホジキン=カッツの式（GHK式）や，定電場方程式ともいう。

● シナプス後電位

脱分極と過分極　神経細胞への信号入力部位は，神経細胞どうしの接合部である**シナプス**である。シナプス入力は主に樹状突起や細胞体で生じる（軸索終末部に入力する場合もある）。他の神経細胞の軸索終末部から放出された化学物質（神経伝達物質）が受容体に結合するとイオンチャネルが開き（または閉じ），あるイオンの透過性が変化しシナプス後部の膜電位が変化する（**シナプス後電位**）。膜電位が静止膜電位からプラス方向に変化することを**脱分極**といい，これはマイナス側に分極している状態から脱するという意味である。反対に，膜電位が静止膜状態よりもさらにマイナス方向に変化することを**過分極**という（**図2-4**）。膜電位が脱分極するか過分極するかは，どのイオンの透過性が変化するのかに依存する。たとえば，高い平衡電位をもつイオン（Na^+など）の透過性が増加すれば，膜電位はプラス方向に変化する。複数のイオン透過性が変化した場合の膜電位はゴールドマンの式から求められる。つまり，神経伝達物質が受容体に結合した結果生じるイオン透過性変化が膜電位変化を決めるのである。

シナプス入力の加重　樹状突起や細胞体には数百〜数千ものシナプス入力がある。1つのシナプス入力による膜電位変化は小さいが，複数のシナプス入力が同時に生じると加重が生じ，大きな膜電位変化が生じる（**図2-5**）。この膜電位変化は軸索小丘へと伝えられる。神経細胞の細胞膜は完全な絶縁体ではないため，たとえシナプスで脱分極が生じたとしても距離が離れるにしたがって減衰してしまい，長い軸索を膜電位変化が終末部まで伝導することは不可能である。何らかの減衰しない伝導が必要となるわけだが，それを可能にしているのは，次に述べる活動電位である。

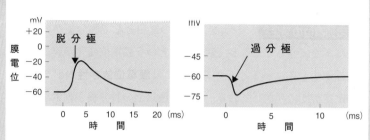

図2-4 脱分極と過分極の膜電位変化

脱分極のことを興奮，過分極のことを抑制ともいう。シナプス入力によって生じた脱分極を興奮性シナプス後電位（EPSP），過分極を抑制性シナプス後電位（IPSP）という。

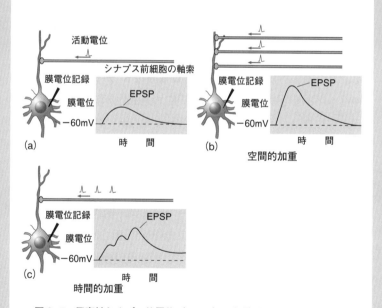

図2-5 興奮性シナプス後電位（EPSP）の加重 (Bear et al., 2001)

複数の入力が同時に生じると空間的加重が生じ，EPSPの振幅が大きくなる（b）。また，短時間に複数回の入力がある場合に時間的加重が生じることもある（c）。

活動電位の発生

活動電位の発生　シナプス入力の総和として脱分極が軸索小丘にまで伝導してくると，**活動電位**という膜電位変化が起こる可能性が生じる。軸索小丘の細胞膜には**膜電位依存性 Na^+ チャネル**が高密度に存在しており，ある閾値以上の脱分極が軸索小丘に到達するとチャネルが開く（活性化される）。Na^+ の平衡電位は約 $+40mV$ なので，チャネルが開くと軸索小丘の膜電位は Na^+ の平衡電位に向かって急激に上昇する。脱分極した膜電位がゼロを超えてプラスになることを**オーバーシュート**という（**図2-6**）。

活動電位の再分極　その後，膜電位は速やかに下がっていく（再分極）。膜電位依存性 Na^+ チャネルは活性化されるとすぐ不活性化される性質があり，Na^+ の透過性が急激に減少するからである。また軸索小丘に存在する**膜電位依存性 K^+ チャネル**が比較的ゆっくりと活性化されてきており，K^+ の透過性が増加する。K^+ の平衡電位は静止膜電位（約 $-60mV$）よりも低いので，膜電位は K^+ の平衡電位に向かって下がることになり，膜電位は一過性に静止膜電位を下回ることもある（**アンダーシュート**）。活動電位の開始から終了までに要する時間は約 $1ms$（1,000分の1秒）である。

不応期　膜電位依存性 Na^+ チャネルの不活性化が解除されるのに数 ms かかる。つまり，その数 ms 以内に次の脱分極が生じたとしても活動電位は発生しない。十分な脱分極が到達しているのにも関わらず活動電位が全く発生しない期間のことを**絶対不応期**という。また，不活性化状態から脱しつつある時に十分な脱分極が生じると，不完全な大きさの活動電位が生じる。そのような期間を**相対不応期**という。軸索における活動電位の伝導（次節参照）が一方向であり逆走しないのは不応期があるためである。

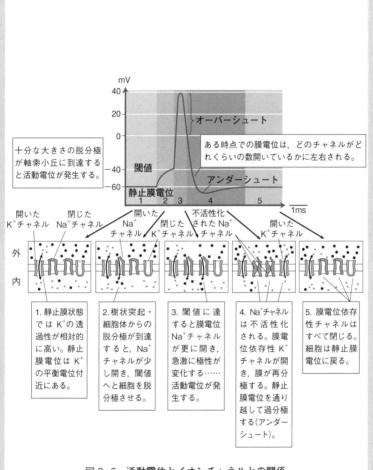

十分な大きさの脱分極が軸索小丘に到達すると活動電位が発生する。

ある時点での膜電位は，どのチャネルがどれくらいの数開いているかに左右される。

mV
40
20
0
-40
-60

オーバーシュート

閾値

アンダーシュート

静止膜電位

1 2 3 4 5

1ms

開いた K⁺ チャネル　閉じた Na⁺ チャネル

開いた Na⁺ チャネル　閉じた K⁺ チャネル

不活性化された Na⁺ チャネル

開いた K⁺ チャネル

外
内

1. 静止膜状態では K⁺ の透過性が相対的に高い。静止膜電位は K⁺ の平衡電位付近にある。

2. 樹状突起・細胞体からの脱分極が到達すると，Na⁺ チャネルが少し開き，閾値へと細胞を脱分極させる。

3. 閾値に達すると膜電位 Na⁺ チャネルが更に開き，急激に極性が変化する……活動電位が発生する。

4. Na⁺ チャネルは不活性化される。膜電位依存性 K⁺ チャネルが開き，膜が再分極する。静止膜電位を通り越して過分極する（アンダーシュート）。

5. 膜電位依存性チャネルはすべて閉じる。細胞は静止膜電位に戻る。

図 2-6　活動電位とイオンチャネルとの関係
(Rosenzweig et al., 2002 を一部改変)

● 活動電位の伝導

全か無かの法則　活動電位を引き起こす閾値となる膜電位は，細胞内に向かう Na^+ 電流の大きさと，細胞外に向かう K^+ 電流の大きさとが釣り合う膜電位に相当する。この閾値を超える脱分極が軸索小丘で生じれば，一定の膜電位まで上昇する（フルサイズの）活動電位が生じる。閾値に達しなければ生じず，閾値を少しでも超えれば生じるというこの原則を，**全か無かの法則**と呼ぶ。

活動電位の頻度への変換　活動電位は全か無かの法則に従うが，軸索小丘に到達した膜電位変化（シナプス入力の総体）の大きさ情報のほとんどは失われてしまうのだろうか。実は，活動電位において，信号の大きさは振幅の大小から発生頻度の高低へと変換されている。軸索小丘に到達した脱分極が比較的大きい場合，ある活動電位の相対不応期の早い時期に，次の活動電位が発生する（活動電位発生のための閾値がまだそれほど下がりきらない時点で次の活動電位が生じる）。反対に，軸索小丘に到達した脱分極がそれほど大きくない場合は，相対不応期の後のほう（活動電位発生のための閾値がかなり下がってきた時点）でしか次の活動電位は生じえない。このような仕組みにより，軸索小丘に到達した脱分極が大きいほど，発生する活動電位の頻度は高くなる。

活動電位の伝導　膜電位依存性 Na^+ チャネルは軸索小丘だけでなく軸索にも存在している。軸索小丘で発生した活動電位は軸索に沿ってすぐ隣の部位の Na^+ チャネルを順次活性化させていく（図 2-7）。全か無かの法則により，活動電位はその膜電位変化の大きさが全く減衰することなく軸索終末部へと伝導される。

　神経細胞の軸索に髄鞘が取り巻いている場合があり，このような軸索を**有髄線維**という（髄鞘のない場合は**無髄線維**という）。

活動電位の伝導（無髄線維の場合）

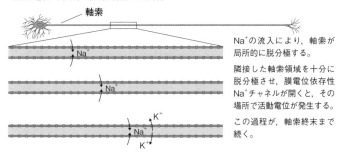

軸索

Na⁺の流入により，軸索が局所的に脱分極する。

隣接した軸索領域を十分に脱分極させ，膜電位依存性Na⁺チャネルが開くと，その場所で活動電位が発生する。

この過程が，軸索終末まで続く。

活動電位の伝導（有髄線維の場合）……跳躍伝導

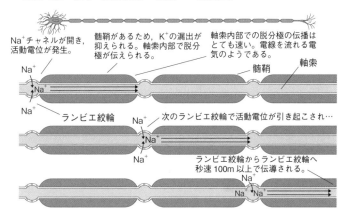

Na⁺チャネルが開き，活動電位が発生。

髄鞘があるため，K⁺の漏出が抑えられる。軸索内部で脱分極が伝えられる。

軸索内部での脱分極の伝播はとても速い。電線を流れる電気のようである。

髄鞘　軸索

ランビエ絞輪

次のランビエ絞輪で活動電位が引き起こされ…

ランビエ絞輪からランビエ絞輪へ秒速100m以上で伝導される。

図 2-7　無髄線維と有髄線維における活動電位の伝導
(Rosenzweig et al., 2002)

　有髄線維には約1mmごとに軸索の露出部分（ラ
ンビエ絞輪）があり，この部分の細胞膜には膜電位依存性 Na$^+$ チ
ャネルと K$^+$ チャネルが共に存在する。活動電位による電流が次
のランビエ絞輪まで効率よく到達し，活動電位があたかも跳躍す
るかのように発生する（**跳躍伝導**）。したがって，活動電位の伝
導速度は，有髄線維のほうが無髄線維より著しく速い（図2-7）。

● 神経伝達物質の放出と除去

神経伝達物質放出と Ca^{2+} 　　活動電位が軸索終末部に到達し，
膜が脱分極すると，細胞膜の**膜電位依存性 Ca^{2+} チャネル**が活性
化され，軸索終末部内に Ca^{2+} が流入する。軸索終末部内部には，
ある種類の神経伝達物質を何千分子か包みこんだ**シナプス小胞**が
多数存在している。シナプス小胞は細胞膜と同様に脂質二重層か
らなり，細胞内のアクチンに結合した形で待機している。Ca^{2+} が
引き金となってその結合が解かれ，小胞のシナプス前膜への結合
が促進される。小胞とシナプス前膜との結合には様々なタンパク
質が関与しており，Ca^{2+} の作用によってタンパク質の性質が変化
し，小胞とシナプス前膜とが融合し開口する。開口すると小胞内
の神経伝達物質がシナプス間隙に拡散する。この一連の融合・開
口放出のことを**エクソサイトーシス**と呼ぶ（図2-8）。

神経伝達物質の除去 　　シナプス間隙に放出された神経伝達物
質は，シナプス後細胞の受容体に作用して信号を伝達するわけだ
が，役目を終えた神経伝達物質を除去する機構がなくてはならな
い。速やかな除去により，次の信号の到来に備える必要があるか
らである。除去機構（図2-9）としてはシナプス外への神経伝達
物質拡散のほか，分解酵素による神経伝達物質分解や膜タンパク
質（トランスポーター）による神経伝達物質取り込み機構がある。

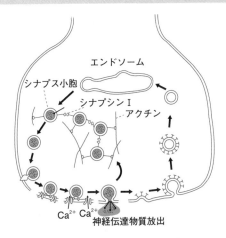

図2-8　**軸索終末部における神経伝達物質放出機構**（久場，2000を改変）
神経伝達物質はシナプス小胞の中に入っている。アクチンに結合されたシナプス小胞は，細胞内に Ca^{2+} が流入するとシナプシン I というタンパク質をリン酸化し，シナプス小胞をアクチンから遊離させる。シナプス小胞がシナプス前膜に結合し（ドッキング），流入した Ca^{2+} は膜融合と開口放出（エクソサイトーシス）を活性化させる。その後，細胞膜からシナプス小胞が再生される。

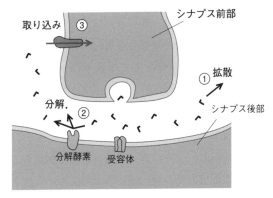

図2-9　**神経伝達物質の除去機構**（Delcomyn, 1998）
①拡散，②分解酵素による分解，③トランスポーターによる取り込み，の3つを示した。必ずしも，このすべての過程が生じるというわけではなく，神経伝達物質により異なる。

● 神経伝達物質同定の基準

あるシナプスにおける神経伝達物質が何であるかを同定するための基準がある。①その物質の合成酵素がシナプス前細胞に存在すること。②軸索終末部にその物質が貯蔵されていること。③軸索終末部からその物質が放出されること。④シナプス後細胞にその物質の受容体が存在し、作用を引き起こすこと。⑤その物質の除去機構がシナプス部に存在すること。以上の各項目が実験によってすべて証明されて初めて、あるシナプスにおける神経伝達物質が同定されることになる（図 2-10）。

● ホルモンによる情報伝達

生体の情報伝達系として神経系は大変重要であるが、もう一つの伝達系として、体内の循環系（血流）を利用した方法もある。脳や器官の細胞から放出された化学物質が体内を循環し、離れたところにある細胞の受容体に作用し、ある生理反応を標的細胞に引き起こす。このような伝令物質のことを**ホルモン**と呼ぶ。

たとえば、性行動や性差、性周期には性ホルモンと呼ばれる物質（アンドロゲンやエストロゲンなど）が関与している（第 7 章参照）。また、ストレス反応として視床下部→脳下垂体→副腎皮質へのホルモンによる信号伝達の結果、ストレスホルモンであるコルチコイドが副腎皮質から分泌され、様々な身体的影響を及ぼす（第 6 章参照）。

情報伝達を司るという点においては神経伝達物質もホルモンも同じであり、また実際に神経伝達物質としてもホルモンとしても使われる物質もあるが、受容体に作用するまでの方式の違いによって区別されるのである（図 2-11）。神経系による情報伝達のほうが、標的が明確でありかつ伝達も速いという特徴がある。

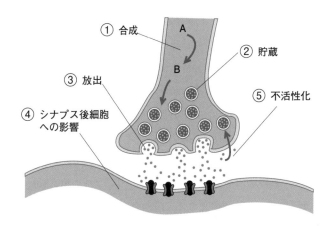

図 2-10　**神経伝達物質同定のための 5 つの基準**（Delcomyn, 1998）
この 5 つのことが実験によって証明されて初めて，その部位の神経伝達物質
が同定されたことになる。

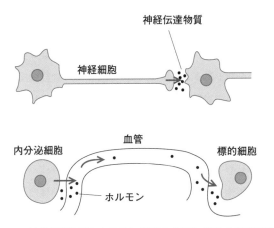

図 2-11　**神経伝達物質とホルモンの違い**（平野・新島, 1995 を改変）

Topic 電気シナプス

　人間を含む脊椎動物の神経系にみられるシナプスは，多くの場合，神経伝達物質による信号伝達が行われる化学シナプスである。しかしそれ以外に，細胞どうしがコネクソンとよばれるタンパク質で直結していて，コネクソンの小孔を介してイオンなどの分子の行き来が2つの神経細胞間で直接なされるタイプのシナプスもあり，これを**電気シナプス**という（**図2-12**）。電気シナプスが見られる部位として，網膜の水平細胞間，延髄の下オリーブ核の神経細胞，海馬や大脳皮質のパルブアルブミン陽性介在神経細胞などが挙げられる（渡辺，2008）。

　化学シナプスの場合，シナプス前部の軸索終末部に活動電位が伝導したあとエクソサイトーシスを経てシナプス後部に神経伝達物質が作用するまでに複数の過程が存在することから，化学シナプスの神経伝達に要する時間は，より直接的な伝達が可能な電気シナプスに比べて明らかに長い。伝達速度の点だけをみると化学シナプスのほうが不利であるが，反面，化学シナプスは神経伝達のそれぞれの過程で多くの物質が関与するので，その時々の細胞内外の環境による調節を受ける可能性を多く有するともいえる。さまざまな環境の変化に応じて行動を変化させるための生物学的基礎として化学シナプスは有利なのだろう。また第4章でみるように，記憶の生物学的基礎の候補として挙げられているシナプス可塑性は，まさに「シナプスの変わりうる性質」である。化学シナプスも電気シナプスも，生体の情報処理における意義がそれぞれにあるといえる。

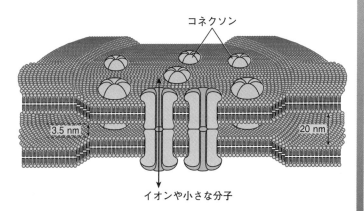

コネクソン

3.5 nm

20 nm

イオンや小さな分子

図2-12　電気シナプスの模式図（Bear et al., 2001）
2つの細胞の接合部を示しており，それぞれの細胞膜の間をコネクソンが
つないでいる。コネクソンの小孔を介してイオンなどが往来し，直接的
なシナプス伝達が電気シナプスにおいて行われる。

●●● 参考図書

松村 道一（2002）．脳科学への招待──神経回路網の仕組みを解き
　　明かす── サイエンス社

　神経細胞の興奮メカニズムや，様々なレベルでの神経科学的研究法
が紹介されている。

宮川 博義・井上 雅司（2013）．ニューロンの生物物理　第2版　丸
　　善

　脳の電気記録実験を行う人にとって必須の専門知識が，コンパクト
にまとめられている。

酒井 正樹（2013）．対話形式による講義　これでわかるニューロン
　　の電気現象　共立出版

　神経細胞の電気活動について，学生が教師との対話を通じて理解を
深めていく形式となっている。

小島 比呂志（編著）大谷 悟・熊本 栄一・仲村 春和・藤田 亜美
　　（2014）．脳とニューロンの生理学──情報伝達・発生・意識
　　── 丸善出版

　神経細胞の性質，機能，シナプス伝達などに関する専門知識が，そ
れらの知見のもととなった原著論文から引用された図版とともに説明
されており，研究の臨場感をもって読み進めることができる。

田中（貴邑）冨久子（2016）．カラー図解　はじめての生理学（上）
　　動物機能編　講談社ブルーバックス

　細胞の微細な構造から神経系全体のレベルまで，カラー図版を多用
して構造と機能について解説している。

脳 と 知 覚

　動物は外界の情報を絶えず取り入れて生きている。また，知覚対象は同じであっても，自分と他の人とが同じように知覚しているとは限らない。知覚体験は主観的なものなのである。

　人間は視覚優位の動物といわれる。本章では視知覚の神経機構を中心に述べる。聴覚系など他の知覚系については，刺激受容のメカニズムを中心に，簡単に触れることにする。

● 視覚経路

第1視覚系　まず**視覚経路**を概観しよう。眼球の網膜（図3-1）において光刺激が電気信号に変換され、神経節細胞の軸索が眼球から脳へと向かう。視交叉において半数ずつ同側・対側に分岐し、外側膝状体シナプスを経て後頭葉のブロードマン17野（第1次視覚野）へと投射する。視覚経路は側頭葉に向かう腹側経路と頭頂葉に向かう背側経路とに分岐する。最終的には視覚情報処理には前頭葉が関与すると考えられる。以上に述べた、外側膝状体と第1次視覚野を介した視覚経路を**第1視覚系**と呼ぶ。

第2視覚系　一方、外側膝状体や第1次視覚野を介さず、中脳の上丘を介する視覚経路もある。これを**第2視覚系**といい、意識に上らない視覚を司ると考えられている。

● 初期視覚系

視細胞における信号変換　外界からの様々な波長の光は、眼球のレンズを通って、眼球の奥にある**網膜**に到達する。網膜は厚さ約0.2mmの神経細胞層であり、中枢神経系の一部である。

　網膜の最も奥のほうに位置する視細胞は、光が照射されると光強度に応じて過分極する。活動電位は発生しない。視細胞の細胞膜には cGMP（サイクリック GMP、環状 GMP ともいう）が結合すると開くイオンチャネルがあり、Na^+・K^+・Ca^{2+} を通す。暗時には視細胞の内部に cGMP が豊富に存在しているためこのイオンチャネルが開いており、膜電位はやや脱分極した $-40mV$ ほどである。光照射により視細胞の視物質が光強度に応じて活性化されると、細胞内物質の一連の反応を経て cGMP が分解される（図3-2）。その結果このイオンチャネルが閉じられ膜電位は下がる。光刺激の結果生じる細胞の膜電位変化のことを**光応答**という。

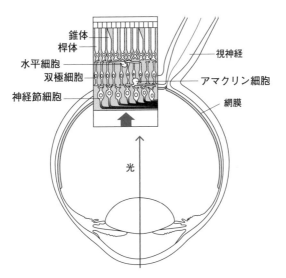

図 3-1　網膜を構成する細胞（Hubel, 1988）

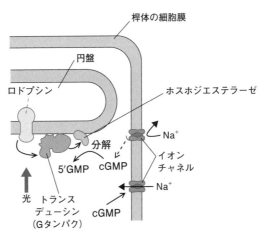

図 3-2　桿体における信号変換（Delcomyn, 1998）

桿体と錐体　視細胞は**桿体**と**錐体**とに大別される（**図 3-3**）。光に対する感度は桿体の方が高い。一方，錐体は波長特異性に基づきサブタイプに分類される。人間は 3 種類の錐体を持ち，よく応答する波長にしたがって赤錐体（L 錐体）・緑錐体（M 錐体）・青錐体（S 錐体）と呼ばれる。光の波長が異なると各錐体の光応答の割合が異なり，色知覚が可能となる。

　視細胞は脱分極時に神経伝達物質としてグルタミン酸を放出する。暗時にはグルタミン酸を持続的に放出しているが，照射される光刺激強度が増加するにつれ放出が減少する。

双極細胞　視細胞の神経伝達物質を受容する神経細胞は**双極細胞**である。双極細胞には ON 型と OFF 型とがあり，前者は受容野（後述する）の中心部への光照射時に脱分極し，後者は過分極する。この応答極性の違いは，樹状突起に存在するグルタミン酸受容体の違いによる。**図 3-4** に示したように ON 型は代謝型受容体を持ち，グルタミン酸が受容体に結合すると陽イオンチャネルが閉じ過分極する（明時には脱分極する）。OFF 型はイオンチャネル型受容体を持ち，グルタミン酸が結合すると陽イオンの透過性が高くなり，脱分極する（明時には過分極する）。

受容野　双極細胞や神経節細胞の数は視細胞よりも少なく，信号伝達の収斂が起こっている。視覚経路に含まれる各神経細胞の受け持ち領域がそれぞれ網膜上で定義され，その領域のことを**受容野**という。双極細胞や神経節細胞は同心円状の受容野をもつ。たとえば，受容野中心部への光照射によって細胞が脱分極する場合，周辺部への光照射によって細胞は逆に過分極する。双極細胞や神経節細胞のこのような受容野形成には，網膜の横方向の連絡を司る水平細胞やアマクリン細胞が関与している。

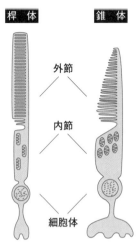

図 3-3　**桿体と錐体**（Shepherd, 1988 を改変）

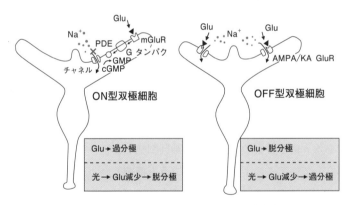

Glu：グルタミン酸，mGluR：代謝型グルタミン酸受容体，AMPA/
KA GluR：AMPA/カイニン酸型グルタミン酸受容体，PDE：ホスホジ
エステラーゼ。

図 3-4　**双極細胞の樹状突起における細胞内機構**（金子, 1994）

● 外側膝状体から第 1 次視覚野へ

外側膝状体　網膜の神経節細胞の軸索は，眼球を出て**外側膝状体**に向かう。網膜のうち，内側（鼻側）にある神経節細胞の軸索は反対側の外側膝状体へと行き，外側（耳側）にある神経節細胞の軸索は同側の外側膝状体に行く。つまり右視野からの信号は左脳へ，左視野からの信号は右脳へと入力される。外側膝状体の神経細胞から伸びる軸索は視放線とよばれ，軸索終末部はブロードマン 17 野（第 1 次視覚野）の第 4 層細胞とシナプス結合する。

方位選択性　第 1 次視覚野の神経細胞の一部は，神経節細胞や外側膝状体細胞と同様の同心円状の受容野を持つが，第 1 次視覚野にはそれ以外の受容野をもつ神経細胞が見出される。ある特定の向きの長方形が光刺激として提示された時に最もよく活動を示す神経細胞があり，その性質を**方位選択性**という（図 3-5）。

コラム構造　第 1 次視覚野の神経細胞は不規則な位置にあるのではなく，類似の性質を持った細胞が脳表面に対し垂直方向に集まっている。ヒューベルとヴィーゼルの実験に基づくモデル（図 3-6）によると，同じ方位選択性を持った神経細胞がまとまっている。また，ある細胞がどちらの眼球への光刺激により応答を示すか（眼球優位性）という点でも，神経細胞の配置が規則的である。同じ性質の応答を示す神経細胞が柱状の領域に固まって存在しているこのような構造を**コラム構造**といい，眼球優位性・方位選択性を一通りそろえた単位を**ハイパーコラム**という。

　現在では視覚皮質の光学的測定に基づいた別のモデルも提唱されている。また，以上のモデルは動物実験によるものであるが，人間の第 1 次視覚野においても，fMRI の実験から類似のコラム構造の存在が示唆されている（Cheng et al., 2001）。

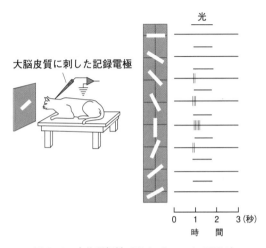

図3-5　方位選択性（Nicholls et al., 2001）
第1次視覚野の神経細胞からの細胞外記録。活動電位が発生した時点が縦棒で示してある。網膜上に，ある特定の方位のスリット光が提示された場合に最もよく応答が生じる。最適な方位は細胞によって異なる。

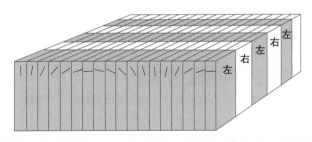

図3-6　コラム構造（ヒューベルとヴィーゼルのモデル）（Hubel, 1988）
黒い線の向きが，そのコラムに含まれる神経細胞の方位選択性を表している。左，右，左……は眼球優位性を表す。

● 高次視覚皮質における細胞応答

　サルやネコの脳から電気記録をすることにより，第1次視覚野以降の視覚皮質では，高次視覚を反映したような様々な性質の神経細胞が見出される。例をいくつか紹介しよう。

両眼視差に応答する神経細胞　　奥行き知覚を生み出す機構の一つに**両眼視差**がある。複数の対象の網膜像の位置関係が左右の眼でどのように異なるかが奥行き知覚の手がかりの情報となる。ある特定の両眼視差が生じている時に最もよく応答を示すという細胞が，V2（第2次視覚野）以降で見出される。

主観的輪郭に応答する神経細胞　　カニッツァの図形のように，実際には輪郭線が存在しないのに主観的にはあたかも輪郭線があるかのように図形が知覚されることがある。これを**主観的輪郭**という。V2 において，主観的輪郭に応答を示す細胞が見出されており（図3-7），主観的輪郭は視覚経路における比較的初期の段階で実現されている視覚機能であることが示唆される。

色の恒常性に関与する神経細胞　　V4（第4次視覚野）には，**色の恒常性**に関わると考えられる神経細胞がある。ある特定の波長に応答するが，その色刺激がどのような色のスポットライト下で提示された場合でも，同じように応答を示すことができる。

光刺激の運動に応答する神経細胞　　V5野（MT野）には，ある特定の方向へと動く視覚刺激に対して最大応答を示す細胞がある。受容野は広く，また刺激の形態などの特異性はない。その先の MST 野には，刺激の回転運動や，こちら側に向かってくるように見える刺激に応答する細胞などがある。MST 野の細胞の受容野は MT 野のものよりも大きく，複数の MT 細胞からの入力が1つの MST 細胞に収斂しているのであろう。

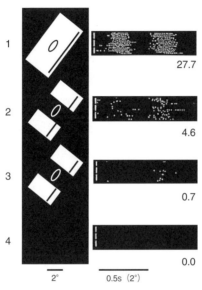

図 3-7　**主観的輪郭に対する神経応答**
(Peterhans & von der Heydt, 1989)

棒刺激を移動させ受容野（楕円で示した部分）を横切らせた時の神経応答。白いドットが活動電位発生を示す。1のような明確な輪郭を持つ棒刺激に応答を示す神経細胞が，2のように主観的輪郭が知覚される条件においても多少の神経応答を示した例。図形にわずかな変化を加えて主観的輪郭が知覚されない条件（3）では神経応答が顕著に減少した。数字は1回の刺激提示あたりの平均活動電位数。

● 第 1 次視覚野以降の経路

　視覚皮質間の解剖学的な結合や，前節で述べた各領域における細胞の応答の性質から，第 1 次視覚野以降の視覚情報処理の流れは，背側経路と腹側経路とに分かれると考えられる（図 3-8）。

背側経路　　頭頂葉の連合野に向かう**背側経路**は，主に対象の動きや位置を検出する機能を担う。前節で述べた MT 野・MST 野を経由し頭頂葉（ブロードマン 7 野）へと至る経路や，V3 野・V6 野を経て LIP や頭頂間溝後部の皮質へと向かう経路がある。背側経路における視運動情報処理や物体の位置の情報処理という機能を背側経路が持っていることから，**どこ経路**という名で呼ばれることもある。

　頭頂葉連合野には，網膜上の受容野は持たず，身体との位置関係に対応する座標系に基づいて応答するものが見出されている。ギャレッティらは頭頂葉 V6 野からの神経活動記録により，サルの注視点の位置に関わらず頭の位置と刺激との関係で応答を示す神経細胞を見出している（図 3-9）。つまり，この細胞の受容野は網膜部位上では定義されない。

腹側経路　　一方，側頭葉に向かう**腹側経路**は，主に対象の形態や色を検出する。V4 から TEO，TE 野を経由し，側頭葉の先端部分である TG 野に至る。これは**なに経路**という名で呼ばれることもある。サルの側頭葉からの電気記録実験において，グロスらは，サルの手の形の図形に最もよく反応する神経細胞を見出しており，またブルースらやペレットらはサルの顔に反応する神経細胞を見出している。ある特定の形や色に応答する神経細胞が集まったコラム構造が側頭連合野に存在することを示唆する研究者もいる（Tanaka et al., 1991）。

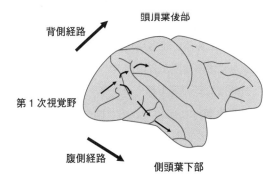

図 3-8　背側経路と腹側経路 (Thompson, 2000)

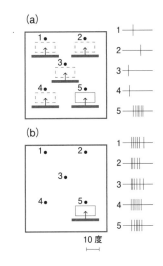

図 3-9　頭頂葉の神経活動の例 (Galletti et al., 1993)

注視点 5 を注視し，その下に視覚刺激が提示された時に応答を示す V6 野の神経細胞は，注視点 1～4 のいずれかを注視した場合にその点の下に視覚刺激が提示されても応答しなかった (a)。一方，注視点が 1～4 のいずれであっても，注視点 5 の下に視覚刺激が提示された時に応答を示した (b)。

● 聴覚系

聴覚系の信号変換と周波数局在　聴覚系の刺激となる信号は，空気の圧力の変化である。圧力変化の大きさが音の大きさとして知覚され，圧力変化の頻度が音の高さとして知覚される。鼓膜で受容された振動は内耳の**耳小骨**（ツチ骨・キヌタ骨・アブミ骨）で増幅され，**蝸牛管**へと伝えられる（図3-10）。蝸牛管の内部はリンパ液で満たされており，高周波は入口付近（基部）の振動を，低周波は蝸牛管の奥（頂部）のほうまで到達して振動を引き起こす。つまり蝸牛管内部の振動部位に周波数局在がある。

　蝸牛管の奥行き方向に伸びた**基底膜**には**有毛細胞**が整列しており，この細胞において機械的な振動が電気信号に変換される。つまり，リンパ液の振動によって基底膜が振動すると有毛細胞上部の不動毛が変位し，不動毛にある陽イオンチャネルが活性化され，膜が脱分極する。有毛細胞からは伝達物質としてグルタミン酸が放出される。ここから蝸牛神経核，上オリーブ核，内側台形体核，外側毛帯核，下丘，内側膝状体を経て，側頭葉の聴覚皮質に至る。なお，蝸牛の段階で見られた周波数局在はさらに中枢側の各部位においても見られ，聴覚皮質に至るまで保存される。

音源定位　聴覚においては，音の種類の同定だけでなく，音を手がかりにして音源の位置を検出することも重要な機能の一つである。たとえば，正面方向から左右どちらかにずれた位置に音源がある場合，左右それぞれの耳に到達する音圧変化に時間差と強度差が生じ，それが音源定位の手がかりになる（図3-11）。聴覚経路の中で両耳からの入力がある細胞が上オリーブ核よりも上位の部位で見出され，それらは音源定位に関わる情報処理において何らかの役割を果たしていると考えられる。

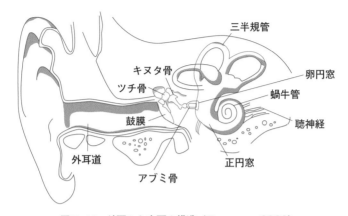

図 3-10　**外耳から内耳の構造**（Thompson, 2000）

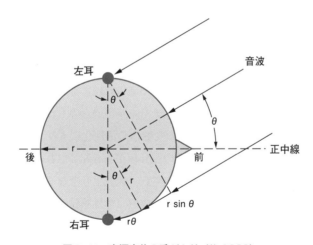

図 3-11　**音源定位の手がかり**（菅, 1986）
人間の頭部を上から見た模式図。正面よりも左寄りの位置に音源がある際の
音波到達について示している。音源からの距離差が両耳間で rθ＋r sinθ あり，
両耳に到達する音圧変化の時間差と強度差が音源定位の手がかりになりうる。

化学的感覚

　化学的な物質によって刺激される**嗅覚**や**味覚**についても，受容する細胞において電気信号に変換され，それ以降は神経細胞の脱分極→神経伝達物質放出，という通常の信号伝達が行われている。

嗅　覚　鼻の粘膜上にある嗅細胞の膜上に，ある特定の化学物質と結合する受容体がある。この受容体は代謝型受容体であり，細胞内の伝令物質（セカンドメッセンジャー）を介して別の陽イオンチャネルを活性化することによって，細胞が脱分極する（図3-12）。ここから嗅球の中の嗅神経を経由して梨状葉・嗅内野を経て，嗅覚関連皮質領域（眼窩前頭皮質）に至る。

　匂い分子は40万種類以上あるが，嗅細胞はヒトの場合約400種類であり，各嗅細胞は1種類の受容体のみを発現している。匂い分子が複数の種類の受容体に結合し，活性化された受容体の組合せに基づいて，多種類の匂い分子を弁別していると考えられる。

味　覚　舌の表面に分布している乳頭に味蕾があり，その内部に味細胞が含まれている。味細胞の膜には様々な化学物質と結合する受容体がある（イオンチャネル型のものも代謝型のものもある）（図3-13）。これらの受容体の活性化により，味細胞内のCa^{2+}濃度の上昇や，細胞膜の脱分極が引き起こされる。また咽頭においては二酸化炭素が感知され，味覚信号となる。これらの情報は延髄・視床を経由して大脳皮質（体性感覚野と島）に至る。

　基本味溶液を1種類ずつ提示した際の味神経線維の応答を調べると，多くの神経線維は2種類以上の基本味に応答し，各基本味にどのような比率で応答するのかも神経線維ごとに異なっている。つまり，多くの味神経線維の応答を総合したものを基盤として，私たちは味の判断を行っていることになる。

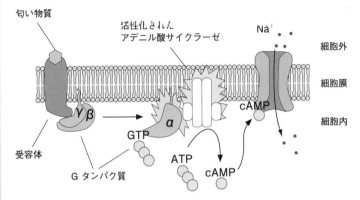

図 3-12　嗅細胞における細胞内機構 (Rosenzweig et al., 2002)
化学物質が特定の受容体に結合すると，細胞内の G タンパク質が活性化され，
α サブユニットがアデニル酸サイクラーゼを活性化させる。すると cAMP（サ
イクリック AMP，環状 AMP ともいう）が合成され，cAMP によって開くナ
トリウムイオンチャネルが開く。その結果，細胞は脱分極する。

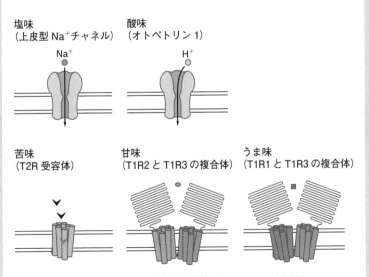

図 3-13　基本味に対する受容体 (Buck et al., 2021)
塩味と酸味の受容体はイオンチャネル型であり，苦味，甘味，うま味の受容
体は代謝型である。

● 体性感覚

　触覚・温覚・冷覚・痛覚からなる皮膚感覚と，筋・腱の受容器による運動感覚（自己受容感覚ともいう）の総称を，**体性感覚**という。皮膚感覚は皮膚下にある各種小体（ルフィニ終末，パチニ小体，マイスナー小体，メルケル触盤など）が受容器となり，外部からの刺激により膜タンパク質の変化が生じて，感覚神経細胞が脱分極する（図3-14）。たとえば，パチニ小体の神経末端には機械受容性 Na^+ チャネルが存在し，外部からの圧によりイオンチャネルが開いて Na^+ 流入が生じ脱分極する。

　体性感覚情報は，様々な高さの脊髄もしくは脳幹を経由して脳にもたらされ，体性感覚皮質（中心溝の後ろで，ブロードマン1〜3野）に到達する。体性感覚皮質の各領域の神経細胞が身体のどの部位からの入力を受けているかを示したのが図3-15である。身体の部分の順番は入れ替わっているが，身体のパーツごとにまとまりのある対応関係があること，体性感覚が敏感なほど体性感覚皮質における割当て領域も広いことがわかる。

● おわりに

　視覚・聴覚・嗅覚・味覚・体性感覚の各知覚系（各モダリティ）における外界の刺激は性質が異なっており，また主観的経験，つまり見る・聴く・嗅ぐ・味わうなどの経験もそれぞれ性質が全く異なる。しかし，初期過程を見比べると，信号の変換過程はいずれも刺激によって受容細胞の膜タンパク質が変化し膜電位変化がもたらされるという点で類似しているといえよう。

　神経系の伝達方式そのものはどのモダリティでも同じはずであり，神経回路網の何らかの差異が主観的経験の違いを生んでいると考えられるが，その機序については未知である。

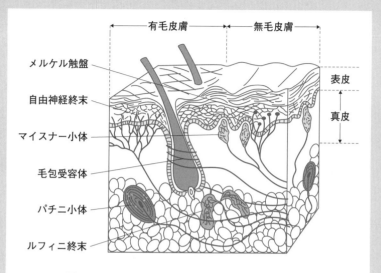

図3-14　皮膚における体性感覚受容器（富永, 2023）

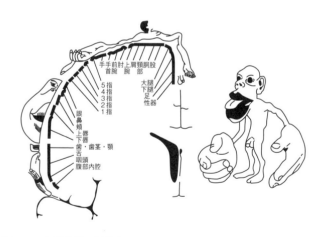

図3-15　大脳皮質の体性感覚皮質におけるホモンキュラス（篠原, 2008）
体性感覚皮質の各領域が，身体のどの部分からの入力を受けているのかを描いたもの（左図）。身体のパーツごとのまとまりが保存されていることから，皮質上の身体図をホモンキュラス（こびとの意味）ということがある。右図は，その身体図を人間のように組み合わせたもの。

◉ ◉ ◉ 参考図書

村上 元彦（1995）．どうしてものが見えるのか　岩波書店

　網膜から第1次視覚野における情報処理機構を中心に述べている。

福田 淳・佐藤 宏道（2002）．脳と視覚——何をどう見るか——　共
　　立出版

　視覚皮質における情報処理を中心に述べている。

内川 恵二（総編集）（2007～2008）．講座　感覚・知覚の科学（全5
　　巻）　朝倉書店

　視覚・聴覚・味覚・嗅覚・触覚・前庭感覚の精神物理学および生理
学について体系的にまとめたシリーズ。

東原 和成（編）（2012）．化学受容の科学——匂い・味・フェロモン
　　分子から行動まで——　化学同人

　嗅覚および味覚の機序について，分子レベル，神経回路レベル，行
動レベルそれぞれにおいて詳細に述べられている。

日本視覚学会（編集）（2022）．図説　視覚の事典　朝倉書店

　視覚について最新の知見がまとめられている。認知科学からの知見
が中心であるが，視覚の神経科学的基盤についても随所で触れられて
いる。

木下 茂・上野 盛夫（編集）（2023）．別冊医学のあゆみ　五感を科
　　学する——感覚器研究の最前線——　医歯薬出版

　五感それぞれの感覚器について，基礎的知見から最新研究成果まで
解説している。

脳と記憶

　日常，記憶力が良いとか悪いとかを話題にすることは多いだろう。学校の成績や入学試験に少なからず影響する点で学生にとって興味深い機能であるが，それだけにとどまらず，そもそも記憶という機能がなくては私たちの日常生活は成り立たない。その時々の短期的な記憶がなくては，意識さえ成立しないであろう。

　本章では，記憶に関与する脳部位についての知見を紹介する。また，記憶とは脳がどのように変化することなのかを追究した近年の神経科学的知見を紹介する。

● 記憶とその障害

記憶モデル　　実験心理学では，エビングハウスの無意味綴りの研究以降，さまざまな側面から記憶が調べられモデルが立てられてきた。記憶の2段階モデルはその代表的なもので，ごく短い間保持する**短期記憶**と，永く保持する**長期記憶**とが区別される。長期記憶にも，事実やエピソードなどを憶える**宣言的記憶**と，やり方やルールを憶える**手続き記憶**とを区別することがある。近年では短期記憶の代わりに，より積極的に短期的な記憶保持を行う**ワーキングメモリ**の概念を含むモデルもある（第9章）。

健忘における脳損傷部位　　このような記憶機能を司る脳部位を知る上で，記憶機能に障害を持つ患者を対象として研究する場合がある。患者の脳損傷部位を同定すれば，記憶の座を推測することができる。脳損傷による永続的な全般的記憶障害を**健忘**という。健忘には様々な原因があり，アルコール依存によって生じるコルサコフ症候群，ウイルス性の単純ヘルペス脳炎，脳血管障害による脳損傷，手術や事故による脳損傷などがある。症例が検討された結果，健忘患者は主に側頭葉内側部（海馬や扁桃体）損傷，もしくは間脳（視床や乳頭体）損傷を持つことがわかった（図4-1）。前者を側頭葉内側部性健忘，後者を間脳性健忘といい，これらの部位が記憶に深く関与することが示唆される。

前向健忘と逆向健忘　　健忘は障害のある時期によって2種類に分けられる。外傷や疾病の後に新しいことが憶えられなくなる場合を**前向健忘**といい，損傷が起こる前に知っていたことが思い出せなくなる場合は**逆向健忘**という。**逆向健忘**の場合，直前の記憶の喪失が多く，より古い記憶の喪失が少ないといった，**時間的勾配**が見られることもある。

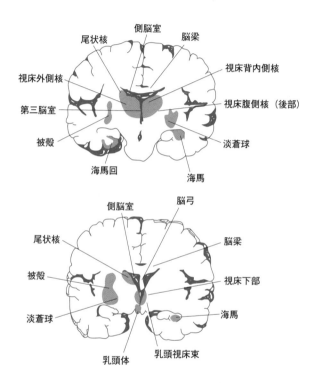

図 4-1　記憶障害に関与すると思われる脳部位（Parkin, 1987）
うすい青色で示した部分である。

● 記憶障害の有名な事例

　健忘には側頭葉内側部性健忘と間脳性健忘があり，各部位は記憶の座として注目されてきた。有名な脳損傷事例を紹介しよう。

側頭葉内側部性健忘の事例　　海馬損傷が関与した記憶障害としては，H. M. の事例が有名である。彼は，1953 年，27 歳の時にてんかん治療のため海馬を左右とも切除された（図 4-2）。手術により，てんかん症状は改善されたが，その後重い記憶障害を患った。知能指数は平均かそれ以上だったが，重篤な前向健忘と，術前数年に及ぶ逆向健忘があった。たとえば，若い頃に知った有名人の名前は言えても最近の有名人がわからなかったり，遅延反応課題（図 4-3）の成績も著しく悪かった。鏡映描写課題のような手続き記憶の課題では練習を重ねると成績が向上した（ただしその課題を経験したこと自体は憶えていなかった）。H. M. が海馬の機能の解明に貢献し，2008 年に亡くなった際，それを告げる新聞記事で Henry G. Molaison との本名が明かされた。

　より限局された海馬損傷によって生じた記憶障害の例もある。虚血発作によって海馬 CA1 領域の細胞脱落が生じた R. B. の場合にも，対連合学習や遅延再生テストができないといった記憶障害が生じ，記憶における CA1 神経細胞の重要性が示唆される。

間脳性健忘の事例　　間脳損傷による記憶障害の事例もある。N. A. は 22 歳の時，友人がふざけて差し出したフェンシングの剣の先が鼻から脳を突き刺し，左側の視床背内側部を損傷した。彼は，H. M. にはできなかったような複雑な迷路学習は可能であり，非言語的な記憶検査の成績は悪くなかったが，言語的記憶の障害が示された。H. M. 同様，手続き記憶の障害はなく，視床背内側部や海馬などは手続き記憶には関与していないと解釈される。

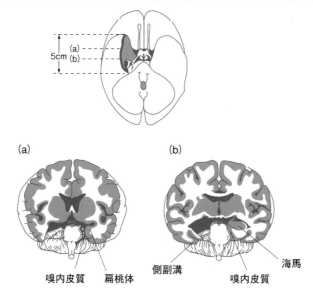

嗅内皮質　扁桃体　　　側副溝　嗅内皮質　　海馬

図4-2　**H. M. の脳切除部位**（Corkin et al., 1997 を改変）
向かって右の海馬は参考のために描かれたもので，実際には左右とも切除された。

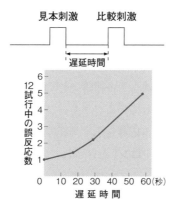

図4-3　**H. M. の遅延対刺激比較テスト成績**（Milner, 1970）
見本刺激と比較刺激とが同じか異なるかを答える課題。H.M. の忘却が急激
に生じることがわかる。

● ペンフィールドの脳刺激研究

側頭葉電気刺激による想起　　意識のある人間の大脳皮質を電気刺激し，その時の主観的経験を報告させた研究がある。ペンフィールドは，てんかん患者の治療のため脳を部分的に切除する際の検査として，局所麻酔下で様々な皮質部位を電気刺激した。その結果，側頭葉を電気刺激した時に，患者は過去の経験に関する様々な視覚的幻覚・聴覚的幻覚を経験し（図4-4），側頭葉以外の大脳葉への刺激では生じなかった。過去の経験が再現されるには，側頭葉およびその深部（海馬や扁桃体）の活性化が必要であり，それらは記憶の貯蔵に関わる部位であることが示唆された。

● 動物実験による知見

サルやラットなどを用い，脳の一部分を破壊する実験や，神経細胞の電気記録を測定する実験からも，人間の記憶障害の症例から示唆された記憶の座は支持されている。間脳の一部（乳頭体や視床内側部）の破壊や海馬の破壊によって，遅延非見本合わせ課題の成績低下などが報告されている。また，サルの前頭葉から神経細胞記録をした研究では，遅延反応課題中に応答する神経細胞が見出されている。

場所細胞　　海馬は，迷路課題などで測定される空間記憶に関与していると考えられている。オキーフは，迷路内のある場所にラットが来た時にのみ応答を示す神経細胞を海馬で見出しており，**場所細胞**（場所ニューロン）と呼ばれている（図4-5）。なお，場所細胞の応答の基礎となる空間座標を形成しうる神経細胞が内側嗅内皮質（海馬に線維を送る部位）でモーザー夫妻らによって見出されており（Fyhn et al., 2004），動物の移動領域内において格子状に応答領域があることから**グリッド細胞**と呼ばれる（図4-5）。

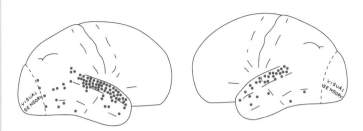

図 4-4　経験反応が生じる側頭葉刺激部位（Penfield & Perot, 1963）

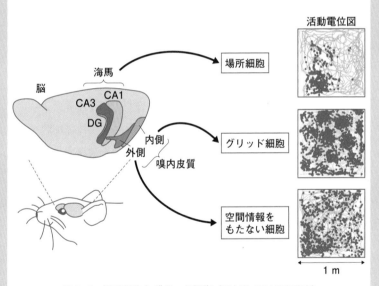

図 4-5　場所細胞とグリッド細胞（五十嵐, 2016 を改変）
ラットの海馬もしくは嗅内皮質から神経細胞活動を記録しながら，1m×1m
の箱の中を歩き回らせた。右の各図は，箱の中をラットが移動した軌跡を上
から見た図として灰色で示している。そのうち，神経細胞が活性化された場
所を青で示している。

● 脳の可塑性

　ある事物を記憶する前と後とでは，脳に何らかの変化が生じているはずである。とくに，神経細胞の情報伝達部位であるシナプスにおける変化が生じていることが予想される。このような，何らかの刺激によって脳が変化し得る性質のことを**脳の可塑性**といい，とくにシナプスにおける可塑性（**シナプス可塑性**）が記憶の生物学的基礎として注目され，研究されてきた。

　脳の可塑性研究は，形態的な面での可塑性を調べたものと，シナプス伝達効率の面での可塑性を調べたものとに大別される。

　形態的な可塑性　　ある原因によってシナプスが欠損した場合，それを補うような形で別のシナプスが形成される**発芽**現象が示されている。ライズマンは，ラット中隔野の神経細胞への入力線維を切断すると，別の部位からの軸索が伸びてきて代わりにシナプス結合する側枝発芽現象を，電子顕微鏡像を用いた研究によって示した（図4-6）。また塚原仲晃らは，ネコの赤核神経細胞へ軸索を伸ばしてシナプス結合している小脳中位核を破壊すると，赤核神経細胞へのもう一つの入力である大脳運動領からのシナプス入力位置が細胞体側に近づくことを電気生理学的に示した。

　動物の生育環境が神経細胞の形態に影響を及ぼすことも知られている。ローゼンツヴァイクは，ラットを刺激の多い豊かな環境において育てた場合，神経細胞の数や樹状突起の枝分かれの数が大きくなることを見出している。

　次節の長期増強にも関連するが，海馬のシナプス前線維（入力線維）を高頻度に電気刺激して神経伝達物質放出を一過性に増加させた後に，シナプス後部の形態が棘状に変化するという報告もなされている（図4-7）。

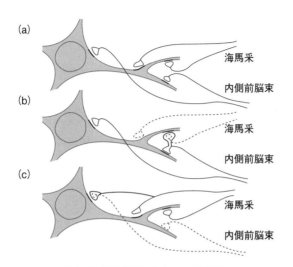

図 4-6　側枝発芽（Raisman, 1969）

ラット中隔核の細胞は海馬采と内側前脳束からの入力がある（a）。海馬采を破壊した場合（b），内側前脳束からの入力が取って代わり，内側前脳束を破壊した場合（c）には逆に海馬采からの入力が空シナプス部に結合する。

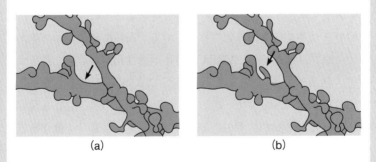

(a)　　　　　　　　　　　　(b)

図 4-7　長期増強誘導後のシナプス部分の形態変化
（Yuste & Bonhoeffer, 2004）

CA1 野の神経細胞を，シナプス増強の約 60 分後に 5 分間隔で撮影した写真から描き起こしたもの。矢印のところを見ると，樹状突起上に新たに棘（スパイン）ができているのがわかる。

機能的な可塑性　　近年盛んに研究されているシナプス可塑性の例として，海馬シナプス応答の**長期増強**がある。ブリスとレモによって最初に報告された現象であり，シナプス前線維に対して高頻度電気刺激（テタヌス刺激）を1秒間ほど与えると，それまでよりもシナプス伝達効率が上昇し（シナプス後電位が大きくなり）増大した状態が長期的に持続する現象である（図4-8）。海馬は記憶にとって重要な部位なので，長期増強は記憶の生物学的基礎として精力的に研究されてきた。ここでは，最もよく調べられている，海馬CA1領域の長期増強誘導機序について述べる。

CA1シナプスにおける伝達物質は**グルタミン酸**であり，シナプス後膜にはグルタミン酸受容体のサブタイプである**NMDA受容体**と**AMPA受容体**（いずれもイオンチャネル型受容体）がある。この部位のAMPA受容体のチャネルが開いた時に透過するイオンはNa^+とK^+であり，NMDA受容体はさらにCa^{2+}も通す。

NMDA受容体は静止膜状態ではマグネシウムイオン（Mg^{2+}）によって阻害されているため，通常のシナプス前線維刺激ではAMPA受容体のみ活性化される。一方，高頻度刺激中はグルタミン酸放出量が多く，AMPA受容体の活性化が著しいためシナプス後膜が十分に脱分極し，Mg^{2+}による阻害がなくなってNMDA受容体も活性化可能となる。高頻度刺激時にNMDA受容体から流入するCa^{2+}が引き金となり，タンパク質リン酸化酵素などが活性化され，その結果AMPA受容体の感度や数が上昇することによってシナプス応答が増強されると考えられている（図4-9）。なお，高頻度刺激ではなく1Hzといった低頻度電気刺激を15分間ほど与えると，シナプス応答が長期的に小さくなったままになる**長期抑圧**が海馬で生じることも知られている。

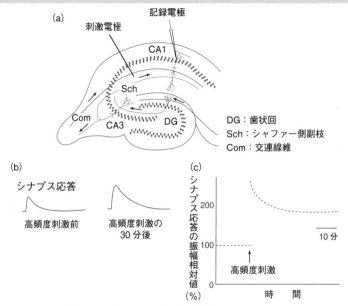

(a)

記録電極

刺激電極

CA1

Sch

Com

CA3

DG

DG：歯状回
Sch：シャファー側副枝
Com：交連線維

(b)

シナプス応答

高頻度刺激前

高頻度刺激の
30分後

(c)

シナプス応答の振幅相対値（%）

200

100

0

高頻度刺激

10分

時　間

図 4-8　シナプス応答の長期増強 （小澤, 2000）

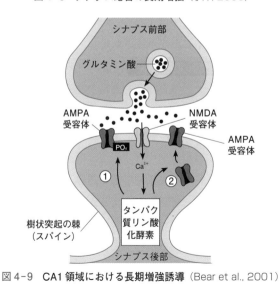

シナプス前部

グルタミン酸

AMPA
受容体

NMDA
受容体

AMPA
受容体

PO₄

Ca²⁺

① ②

タンパク
質リン酸
化酵素

樹状突起の棘
（スパイン）

シナプス後部

図 4-9　CA1 領域における長期増強誘導 （Bear et al., 2001）

● 長期増強と記憶

　海馬の長期増強は，果たして記憶に関連しているのだろうか。長期増強を抑えた動物では学習成績が低下し，長期増強を促進させた動物で学習成績が向上することを示した研究がある。

【長期増強の誘導と学習成績】　モリスらは，長期増強を抑制する目的でNMDA受容体の阻害薬AP5をラット脳室に投与し，水迷路課題を課したところ，課題成績が悪化した（図4-10）。また，ツィエンらは，NMDA受容体を欠損させた遺伝子欠損マウスを作製したところ，CA1シナプスにおける長期増強は見られず，学習成績は野生型（遺伝子欠損のないマウス）に比べて悪かった。一方，海馬のNMDA受容体数を増加させた遺伝子改変マウスの場合には，比較的弱いテタヌス刺激によっても長期増強が生じ，水迷路課題成績も野生型に比べて良好であった（図4-11）。

　これらの結果から，海馬の長期増強の促進・抑制が，それぞれ学習成績の向上・低下と関連することが示され，長期増強が記憶の生物学的基礎であることが示唆された。

【学習とシナプス可塑性の因果関係】　シナプス前線維への人工的な高頻度刺激ではなく，学習課題を動物が経験することにより海馬のシナプス可塑性が誘導された例がある（Whitlock et al., 2006）。ラットのCA1領域に刺激電極と複数の記録電極を埋め込み，回避学習を課す前後のシナプス応答を継続して記録したところ，一部のシナプスにおいて長期増強が誘導された。記憶と長期増強の因果関係を示した実験ともいえるが，この研究では同時に，長期増強が特に誘導されないシナプスや，むしろ長期抑圧が誘導されたシナプスもあった。経験が海馬にどのような空間パターンのシナプス可塑性を生じさせるのか，今後の研究が待たれる。

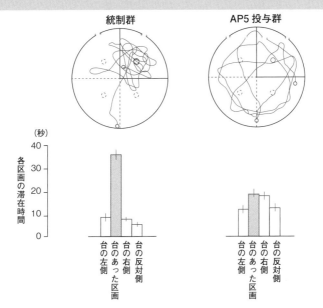

図 4-10　長期増強を阻害する薬物を投与した実験（Morris et al., 1986）にごった水面下のゴール台を泳いで探す訓練をした後，ゴール台を取り除いて遊泳軌跡を記録した（プローブテスト）。台のあった区画での滞在時間が長いほど成績が良いと解釈される。

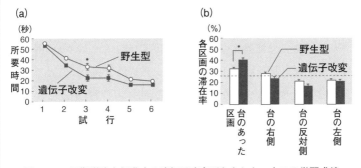

図 4-11　長期増強を促進する遺伝子改変がなされたマウスの学習成績
（Tang et al., 1999）

（a）は水迷路におけるスタートからゴールまでの所要時間の学習曲線。（b）はプローブテスト。

海馬歯状回の神経細胞新生と記憶

　大人の脳では神経細胞が新生することはないと従来考えられていたが，神経細胞新生を検出する新たな手法が1980年代以降確立され，現在では成体の脳の少なくとも2カ所（海馬歯状回と側脳室壁脳室下帯）において神経細胞が新たに生じうることがわかっている。歯状回の神経細胞新生と記憶との関係については，たとえば細胞分裂阻害剤MAMを成体ラットに投与して神経細胞新生を抑制すると瞬目条件づけが阻害された（Shors et al., 2001）。また，成体マウスの神経細胞新生を遺伝子工学的に阻害すると，歯状回シナプスの長期増強が抑制され（Massa et al., 2011），空間学習成績も低下した（Dupret et al., 2008）。シナプスレベルを超えた神経回路レベルの可塑性も，記憶痕跡の候補になりうる。

記憶痕跡に関する光遺伝学研究

　記憶の記銘時に活性化された神経細胞群を，光遺伝学（第1章Topic参照）の手法により再び活性化させると，被験体は記銘時のことを想起したかのような行動を示す（Liu et al., 2012）。この研究では，文脈恐怖条件づけ時に活性化された海馬神経細胞にのみチャネルロドプシン2（ChR2）が発現するマウスが予め作製されている。恐怖条件づけの24時間後，光ファイバー経由で海馬に青色光を照射しChR2の陽イオン透過性を高めることで細胞を脱分極させた（つまり24時間前の条件づけ時に活動した神経細胞群だけを再び脱分極させた）。すると，恐怖を起こす文脈（恐怖条件づけ時の実験装置など）に置かれていないにもかかわらず，マウスは恐怖反応（すくみ反応）を示したのである（図4-12）。記銘時に生じた海馬活動パターンの再現が想起であることを示唆するものであり，記憶痕跡研究に新たな展開をもたらしている。

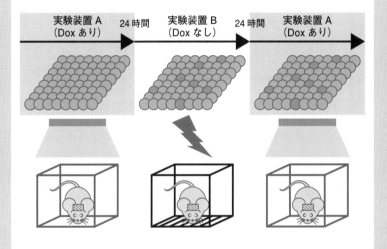

図 4-12　リウら（2012）の記憶痕跡実験の手続き
(Ryan et al., 2015)

被験体は，活性化された海馬神経細胞にのみチャネルロドプシン 2（ChR2）が発現するように作製された遺伝子改変マウスであるが，Dox（ドキシサイクリン）摂取期間（「Dox あり」）はこの発現の仕組みは働かない。条件づけの前に実験装置 A 内で海馬を青色光で照射しても，マウスは恐怖反応を示さない。次に，Dox を摂取させない期間（「Dox なし」）に移り，電撃を用いた恐怖条件づけを実験装置 B 内で行うと，マウスは恐怖反応（すくみ反応）を示す。Dox を摂取していないので，上記の発現の仕組みが働き，活性化された海馬神経細胞にのみ ChR2 が発現する。24 時間後に Dox 摂取を再開し，実験装置 A 内で海馬に青色光を照射すると，被験体はあたかも実験装置 B での経験を想起したかのような恐怖反応（すくみ反応）を示した。

　長期増強は神経細胞だけで完結している現象ではなく，シナプス周辺のグリア細胞（アストロサイト）も長期増強の誘導に重要な役割を果たしていることが，ヘンネベルガーらの実験によって明らかになった（Henneberger et al., 2010）。海馬 CA1 領域のシナプスに長期増強を誘導するために CA1 への入力線維（シャファー側副枝）に高頻度刺激を与えると，CA1 シナプス周囲のグリア細胞にも細胞内 Ca^{2+} 濃度上昇がもたらされ，それが引き金となって，アミノ酸の一種である D-セリンがグリア細胞からシナプス間隙に放出される。ヘンネベルガーらは，Ca^{2+} 濃度上昇を阻害する溶液をグリア細胞に注入したところ，シャファー側副枝に高頻度刺激を与えてもそのグリア細胞周辺のシナプスにおいては長期増強が誘導されなかった（図 4-13）。NMDA 受容体が活性化するために必要な条件の一つは，その周囲に D-セリンが存在していることなので，グリア細胞からの D-セリン供給が途絶えた場合には CA1 シナプスにおける長期増強が誘導されないのである。

　グリア細胞が正常に機能していることが長期増強誘導に必要であることから，長期増強をめぐる記憶痕跡研究において，グリア細胞の関与も考慮した図式を描くことがこれからは重要になるであろう。

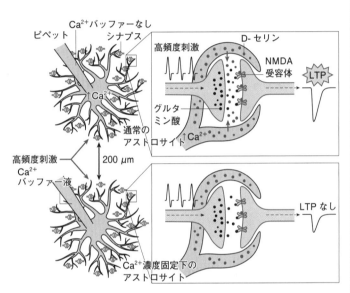

図4-13　ヘンネベルガーら（2010）の実験（Santello & Volterra, 2010）
CA1 シナプス周囲のグリア細胞（アストロサイト）に，Ca^{2+} 濃度上昇を
阻害する溶液（Ca^{2+} バッファー）を注入しておくと（図の下），そのグリ
ア細胞周辺のシナプスにおいては長期増強（LTP）が高頻度刺激後も誘導
されなかった。

●　●　●　**参考図書**

久保田　競（編）松波　謙一・船橋　新太郎・櫻井　芳雄（共著）（2002）．
　　記憶と脳——過去・現在・未来をつなぐ脳のメカニズム——　サ
　　イエンス社

　海馬だけでなく，運動野・小脳・脊髄・大脳基底核・前頭連合野と
記憶との関連についても述べられている。

小倉　明彦・冨永　恵子（2011）．記憶の細胞生物学　朝倉書店

　細胞生物学の観点から記憶について論じた本で，記憶研究の歴史や
シナプス可塑性の機序についても詳しく述べられている。

スクワイア, L. R.・カンデル, E. R.　小西　史朗・桐野　豊（監修）
　　（2013）．記憶のしくみ（上・下）　講談社ブルーバックス

　記憶の生物学的基礎についてミクロからマクロまで様々な水準で論
じている。アメフラシの学習についても紹介されている。

櫻井　芳雄（編）（2013）．心理学評論　特集：海馬の情報処理

　海馬の情報処理に関する神経科学研究がさまざまな観点から紹介さ
れている。

コーキン, S. 鍛原　多惠子（訳）（2014）．ぼくは物覚えが悪い——健
　　忘症患者 H・M の生涯——　早川書房

　数十年にわたって研究者として H.M. に関わった著者による，H.
M. の生涯について紹介した本。記憶の研究書であるとともに，H.
M. の人生について伝えている。

林　康紀（企画）（2016）．特集：記憶　その瞬間に脳で何が起きてい
　　るのか？　『実験医学』2016 年 7 月号　羊土社

　シナプス可塑性，記憶固定，光遺伝学など，記憶の神経科学に関す
る近年の知見について特集されている。

脳と学習

　私たち人間も含めて，動物は柔軟に行動を変えて環境に適応する。この能力を学習能力と呼んでもよいだろう。行動の柔軟性を支えているのは神経活動の可塑的な変化である。本章では学習の神経生理学的な背景について学ぶ。まず下等動物にもみられる単純な行動変化の背景を探り，次いで条件づけや比較的複雑な学習の生理学的メカニズムについて理解する。近年の分子生物学や電気生理学の発展に伴って，学習の詳細な神経機構が明らかにされつつある。

● 学習とは何か

大脳皮質と学習　　　学習とは，経験の結果として比較的永続的に行動が変わる現象である。私たちは環境に適応して生きていくために学習能力を駆使している。

いま，白黒2枚のパネルがあり，白を選べば正解で報酬がもらえるという状況を考えてみよう。白を正しく選べるようになったらルールを変えて，今度は黒を正解とする。このようなとき，私たちは最初のうちこそ戸惑うかもしれないが，ルールが変わったことに気づけば，黒を選ぶように行動を変えるのは簡単である。しかし，ネズミ（ラット）では白を選ぶという行動をいったん消してから，あらためて黒を選ぶ行動を作り直す必要があるといわれる。しかし，ネズミでも正解を白，黒，白，黒と連続的に逆転させると，ついには「ルールが変わった」ことがわかるようになる。ところが，サカナではこのような学習は起こらず，毎回以前の選択行動を消してから新しい選択行動を作り直す必要があるという。

このような例を考えてみると，高度な学習能力は**大脳**の発達と関係があることがうかがえる。各種の動物の脳を比較してみると図5-1のようになり，人間の目から見て高度な学習能力を持つと思われる動物ほど大脳が発達している。しかし，学習は大脳だけで司られているわけではない。学習の定義を「経験の結果として比較的永続的に行動を変化させること」と広く解釈すると，下等とされる動物にもそれなりの学習能力は備わっている。また，後でみるように大脳以外の部位も学習に重要な役割を果たしている。

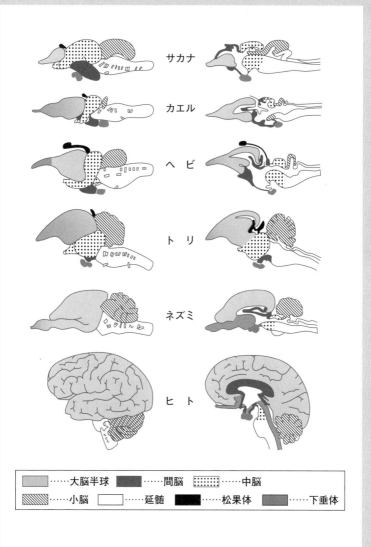

サカナ

カエル

ヘ ビ

ト リ

ネズミ

ヒ ト

| 大脳半球 | 間脳 | 中脳 |
| 小脳 | 延髄 | 松果体 | 下垂体 |

図 5-1　いろいろな動物の脳の比較（時実，1962）
左は表面，右は正中断面を示す。

学習の種類 ここで学習をいくつかに分類しよう。最も単純な学習は，繰り返して同じ刺激を与えたときに反応が小さくなっていく**慣れ**である。慣れとは反対に，刺激の繰返しによって反応が強くなることもあり，これを**鋭敏化**という（感作ということもある）。このような学習は単一の刺激に対する行動の変化なので，非連合学習と呼ぶ。別のタイプの学習として，パブロフが条件反射と呼んだ**古典的条件づけ**と，ソーンダイクの試行錯誤学習をスキナーが定式化した**オペラント条件づけ**（**道具的条件づけ**）がある。これらの条件づけは複数の刺激間の関係や，行動と刺激の関係の学習と考えられるので，連合学習と呼ぶ。連合学習は，複数の刺激間の異同に基づいて適切な行動を選択する**弁別学習**や，その発展形である**カテゴリー学習**に発展し，私たちの知的行動の基盤となる。また，他個体の行動から学ぶ**観察学習**も私たちの行動を支える重要な学習である。

学習の生理学的研究 学習の神経機構の研究は，第0章に示した各種の方法によって進展した。すなわち，**刺激法**や**破壊法**によって神経活動を変容させた動物の行動を観察したり，**記録法**によって動物やヒトの行動変化と神経活動の相関を観察したりする研究である。近年では，**分子生物学的方法**を用いて特定の神経回路を局所的に制御することも可能になった。

動物実験は学習研究の有用な手段であるが，動物実験には厳しい倫理的配慮が求められる。動物実験に替わる研究法や，動物に苦痛を与えず，自然の生態を活かした新たな実験法の開発が必要である。そこで，薄く切った脳の切片など単純な神経系をモデルとして用いた研究や，数理モデルやシミュレーションなどが重要な研究手段になってきた。

Topic　工学からの挑戦

　近年の人工知能（AI）の進歩は目覚ましい。人工知能の多くは深層学習（ディープラーニング）という手法で「訓練」されているが，その基本構造は脳の神経回路を模したものである。工学の分野で学習がどのように考えられているのかを知ることは興味深く，生理心理学的にも有意義であろう。工学では学習を「教師あり学習」「強化学習」「教師なし学習」に大別する（図5-2）。教師あり学習とは行動と結果の誤差を検出して行動を最適化する学習，強化学習は本章で述べる道具的条件づけ，教師なし学習は刺激の統計的な分布に基づいて情報を組織化する学習である。それぞれ小脳，大脳基底核，大脳皮質の神経回路にモデルがある。

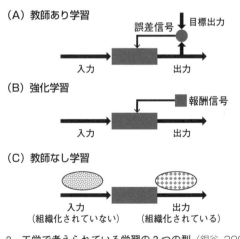

(A) 教師あり学習

誤差信号　↓目標出力

入力　　　　　出力

(B) 強化学習

報酬信号

入力　　　　　出力

(C) 教師なし学習

入力　　　　　出力
（組織化されていない）　（組織化されている）

図5-2　**工学で考えられている学習の3つの型**（銅谷, 2005）

● 慣れと鋭敏化

慣れと鋭敏化の神経機構——アメフラシの研究から

アメフラシは海に住む軟体動物で，分類学的には貝の仲間である。アメフラシは全身の神経細胞が約2万個しかなく，それらがどのような回路を作っているのかがわかっている。カンデルらはアメフラシを使って**非連合学習**の神経機構を調べた。

アメフラシの体には，図5-3のような水管とエラがある。水管を棒のようなものでつつくとアメフラシはエラを引き込める。これは感覚神経が運動神経を興奮させたために起こる**反射**である。しかし，何度か繰り返してつついているとだんだんエラは引き込まなくなる。これが**慣れ**である。このとき感覚神経では**膜電位依存性 Ca^{2+} チャネル**（第1章）があまり開かなくなり，感覚神経から放出される**グルタミン酸**の量が減る。

一方，アメフラシの尾部に強い刺激を与えると水管の刺激によるエラ引き込め反射が増強される。これが**鋭敏化**である。アメフラシの尾部からは介在神経が出て感覚神経にシナプスを作っている。尾部に刺激を与えると**介在神経**から**セロトニン**が放出される。感覚神経のセロトニン受容体は代謝型受容体であり，この受容体にセロトニンが届くと細胞内の **cAMP**（サイクリック AMP）濃度が上がる。するとタンパク質リン酸化酵素の活性が上がり，感覚神経の **K^+ チャネル**がリン酸化されて，閉じたチャネルが多くなる。こうなると細胞内の電位が静止膜電位に戻りにくくなるので，結局のところ感覚神経には Ca^{2+} が流入し続け，グルタミン酸の放出が続いて運動神経が刺激されやすくなるのである。なおこれは短期的な変化で，長期的な鋭敏化にはシナプスの形態学的変化が伴っている（Kandel et al., 1996）。

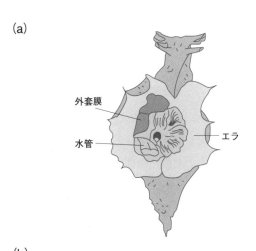

(a)

外套膜

水管

エラ

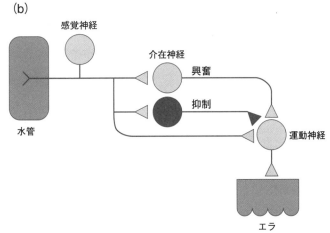

(b)

感覚神経

介在神経

興奮

抑制

水管

運動神経

エラ

図 5-3　アメフラシの体（a）とエラ引き込め反射の神経機構（b）
（Kandel et al., 1996 より）

（b）で ○，●は細胞体，△，▲は神経終末を表す。

● 古典的条件づけ

古典的条件づけと脳 　古典的条件づけ（レスポンデント条件づけ）とは，**条件刺激**（**CS**）と**無条件刺激**（**US**）の対提示によって，もともと US で誘発されていた**無条件反応**（**UR**）に関連した反応が CS で誘発されるようになる（**条件反応：CR**）現象である。UR と CR は厳密に同じではなく，逆方向の場合もある。たとえば，動物に弱い電気ショックを与えると心拍数は増加するが（UR），この反応を何かの刺激に条件づけたときの CR は心拍数の減少である。表5-1 に示すような様々な現象が古典的条件づけの対象となる。この表を見ると，私たちが日常生活で経験する身体活動のうち，いかに多くの反応が古典的条件づけで形成されているかに気づかされるであろう。

　パブロフは，大脳皮質内でもともと US と UR の間に存在していた神経回路に CS の情報を伝える神経回路が結合するために CR が起こるようになると考えた（Pavlov, 1927）。この考えは**刺激置換理論**と呼ばれ，今日では歴史的な意義しか持っていないと考えられている。その後の研究で，CS が提示されない時間にも「今は US が到来しない」という学習をしていることが明らかになり，このような知見に基づいて**随伴性理論**が作られた。

　古典的条件づけに関する神経科学的な研究を総合的にみると，あらゆる条件づけに共通する神経機構が脳のどこかに存在しているとは考えにくい。各種の反応系ごとに別々のメカニズムが存在していると考えたほうがよさそうである。さらに今日では，パブロフが考えた大脳皮質ではなく，皮質下の構造や小脳など様々な部位が古典的条件づけに関与することが明らかになっている。

表 5-1　古典的に条件づけられる可能性のある様々な反応
（岩本・高橋, 1987）

無条件刺激	無条件反応
乾燥した食物：酸	唾液分泌
光	脳波のα波の発生妨害
電気ショック	皮膚電位（GSR）の変化：四肢の引き込め反応，呼吸の乱れ
照度の変化	瞳孔の大きさの変化
食物	胃・腸の消化液の分泌
ショック：温度刺激	血管の運動反応（血圧の変動）
モルヒネ	嘔吐：吐き気：昏睡
過剰摂水	頻尿：利尿
空気の吹きつけ	眼瞼（まばたき）反応
膝がしらの打叩	膝蓋反射
身体の回転	眼球運動
毒素：抗原の注入	抗体反応：免疫反応

眼瞼条件づけの神経機構　まぶたに空気が吹きつけられると，私たちは思わず目を閉じる。これは実験動物も同様である。この眼瞼反射の条件づけには主として**小脳**が関わっている。音を CS とし，空気の吹きつけを US とし，眼輪筋の収縮を UR および CR とすると，この行動には CS の情報を伝える神経，US の情報を伝える神経，それから筋肉の収縮を起こすための神経が必要なはずである。これらは**図5-4**のような回路を作っている（Linden, 2003）。

US の情報は三叉神経から橋を介して顔面神経に伝わる。この反射経路自体には小脳は関与していないが，三叉神経から下オリーブ核を介して登上線維が小脳皮質のプルキンエ細胞に届いている。一方，CS の情報は橋核を介して苔状線維から小脳皮質に伝えられ，平行線維を経てプルキンエ細胞に入る。条件づけの手続きによって CS と US がほぼ同時に与えられると，プルキンエ細胞には登上線維からの入力と平行線維からの入力が重なって入ってくることになる。こうなると平行線維からプルキンエ細胞に情報を伝えるシナプスの伝達効率が低下するのである。これが伊藤正男らの発見による**長期抑圧（LTD）**で，実際に眼瞼条件づけの進行に伴ってプルキンエ細胞の活動が低下することが知られている。図に示すようにプルキンエ細胞は小脳深部核に抑制をかけているので，プルキンエ細胞の活動が低下するとこの抑圧が弱まり，橋核から小脳深部核に至る CS の情報が反応を誘発するようになる（Linden, 2003）。なお，CS の提示が終わってから若干の時間（数秒程度）を置いて US が提示される痕跡条件づけには小脳だけでなく**海馬**も関わっている（Bangasser et al., 2006）。

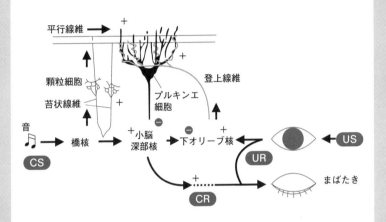

図 5-4 **眼瞼条件づけの神経機構**（Linden, 2003）

味覚嫌悪条件づけの神経機構　ラットは甘いサッカリン溶液を好んで飲むが，その摂取後に塩化リチウムを腹腔内に投与して人工的に体調不良を起こすと，その後はサッカリン溶液の摂取量が下がる。この現象は甘味を CS，塩化リチウム投与を US とした古典的条件づけの一種と考えられるので**味覚嫌悪条件づけ**という。味覚嫌悪条件づけにはたった1回の試行で学習が成立すること，味覚と体調不良の組合せでなければ学習が生じないこと，学習効果が長く続くことなどの特徴がある。この条件づけは食中毒のモデルと見ることができ，動物の生存にとって重要な学習である。また，抗がん剤の副作用として生じる食欲低下にも味覚嫌悪条件づけが関与している可能性があり，臨床的にも重要である。

味覚嫌悪条件づけには**橋**の上部（背側部）に位置する**結合腕傍核**という神経核と，**大脳辺縁系**の一部である**扁桃体**が重要な役割を果たしている。結合腕傍核の内側部には味覚情報が届いており，外側部には内臓感覚が届いている。しかしながら，これらの情報が結合腕傍核の中で統合されるのではないらしい。味覚情報は視床を経て大脳皮質味覚野に到達し，そこから扁桃体に運ばれる。一方，内臓感覚の情報は視床の腹側にある不確帯を経て扁桃体に運ばれる。両者の情報は扁桃体の外側基底部で統合されると考えられる（図5-5）（坂井，2000）。

扁桃体が味覚嫌悪条件づけに重要な部位であることにほぼ間違いはないが，近年の研究では大脳皮質味覚野から扁桃体に投射するニューロン群の構成が変化し，自然状態で「好ましくない」味に反応するニューロン群の構成に近づくことも示されている（Lavi et al., 2018）。

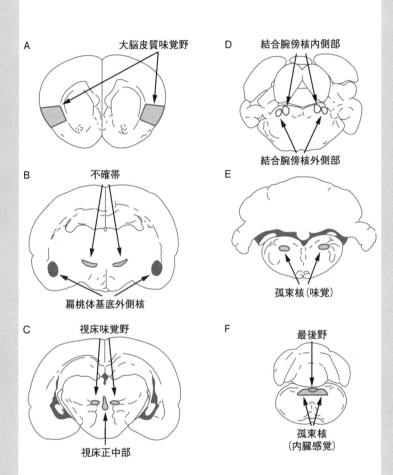

A　大脳皮質味覚野

B　不確帯
　　扁桃体基底外側核

C　視床味覚野
　　視床正中部

D　結合腕傍核内側部
　　結合腕傍核外側部

E　孤束核（味覚）

F　最後野
　　孤束核（内臓感覚）

図 5-5　味覚嫌悪条件づけに関わる主な脳部位（ラット）
（坂井, 2000）
A から F まで順に脳の前から後ろまでの前額断面を示す。

● 道具的条件づけ

道具的条件づけと脳 　道具的条件づけはオペラント条件づけともいい，古典的条件づけのような特定の誘発刺激がない。生体は環境に応じて様々な反応を自発し，その結果によってその反応の頻度を上げたり下げたりする。その一連の過程を道具的条件づけという。道具的条件づけの研究は，19世紀末にソーンダイクが行った「ネコの問題箱」の実験に始まる（『学習の心理　第2版』参照）。この実験をスキナーが20世紀半ばに洗練された体系に築き上げた。その基本は，自発的な行動（反応）の生起頻度が，その反応の結果によって増えたり減ったりするという単純な事実である。反応に随伴して何かの刺激が提示され，その後その反応の生起頻度が増加した場合，そのような操作を**正の強化**，その刺激を正の強化子という。これとは逆に，刺激提示によって反応の生起頻度を減少させるような操作を**正の弱化**という。私たちの日常生活の行動の多くは道具的条件づけで形成されている。

　道具的条件づけは古典的条件づけよりも複雑な現象である。いま，オペラント実験箱の中のラットがレバーを押して餌を取り，徐々にレバー押しを覚えていく過程を考えると，ラットの脳には探索行動を自発させるシステム，探索中に目に入ったものの中からレバーのような特定の刺激を検出する知覚システム，レバーを押すという行動を制御する運動システム，レバー押しと餌の提示という2つの事象の関係を関連づけるシステム，「良い結果」が得られたときに，その行動の自発傾向を増やすシステムなど様々な系が関与していることだろう。その大まかな構成は**図5-6**のような模式図にまとめることができる。しかしその神経科学的な全体像はまだ明らかになっていない。

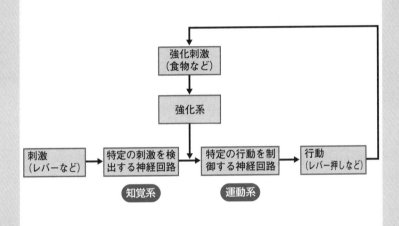

図 5-6　道具的条件づけに関わる神経システムの概観
(Carlson, 2009；泰羅・中村（監訳）2010)

強化の神経機構　　正の強化には脳内の**報酬系**と呼ばれる神経系が重要な役割を果たしている。報酬系の解剖学的な本体は中脳の**腹側被蓋野**から大脳辺縁系の**側坐核**に投射する内側前脳束と呼ばれる**ドーパミン作動性神経系**である（図5-7）。ラットのレバー押し行動に随伴させて内側前脳束にごく短時間の微弱な電気刺激を与えると頻繁なレバー押しが見られる。この行動は**脳内自己刺激行動（ICSS）**と呼ばれる。サルの腹側被蓋野の神経活動を調べた研究によれば，この部位のニューロンは経験によって報酬を予告する信号に反応するようになり（Schultz, 1998），しかも新奇的で信号としての価値がある刺激にのみ反応する（Waelti et al., 2001）。このような知見から，報酬系のニューロンは行動を適応的に修正するガイドの役割を果たすのではないかと考えられている。

習慣形成の神経機構　　強化された行動は次第に習慣となり，たびたび強化されなくても維持される。これは図5-6の「特定の行動を制御する神経回路」がある程度自動的に働き始めたことを意味しており，それに関連する部位として**大脳基底核**の役割が注目されている。大脳基底核は線条体，視床下核，淡蒼球，黒質などから構成される神経群で，線条体の腹側は報酬系とかなり重複している。行動の習慣化には大脳基底核の中でも背側線条体が重要らしい。

　習慣形成は私たちの生活に大きな意味を持つ。適度な運動の習慣は健康に良いが，過度の飲酒のような行動が習慣化すると健康を損なう。習慣形成に重要なのは行動の結果の予測ではなく，最近実行した行動を選択する確率の増加であることが計算モデルを用いた研究で明らかにされている（Miller et al., 2019）。

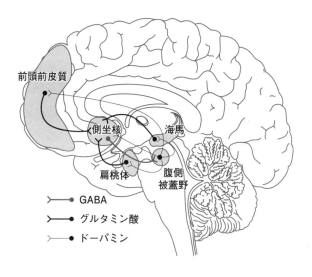

図 5-7　ヒトの脳の報酬系（Wikipedia）
●は神経伝達物質を放出する経路を示す。

● 高次の学習

弁別学習　私たちの行動は身の回りの刺激によって制御されている。たとえば交通信号の赤は止まれ，青は進めである。私たちはこの行動を学習した。このような学習を**弁別学習**という。弁別学習に関連する神経活動には様々な報告があり，実験手続きの違いを考慮せずに単純にまとめることはできない。マウスを用いて報酬への接近行動を指標とした古典的条件づけの弁別学習（分化条件づけ）には，側坐核のドーパミン受容体が関わっている（柳下，2020）。ラットに嗅覚刺激を用いて反応場所を選択させる課題や，味覚刺激を弁別させる課題には**眼窩前頭皮質**（図5-8）と呼ばれる部位が関わっている（Furuyashiki et al., 2008; van Wingerden et al., 2012）。視覚刺激を用いたヒトの弁別学習後には大脳皮質左半球の前頭野や視床，背側線条体などに活動が見られる（Schlund & Cataldo, 2005）。このような研究は興味深いが，弁別学習の完成後に刺激と行動の関係に応じた神経活動が見られても，その部位の活動が弁別学習の獲得に必要だったとは必ずしもいえないところに限界がある。

カテゴリー学習　私たちは個々の刺激の特性は異なっても「ミカン」「リンゴ」といったまとまり（カテゴリー）を学習できる。同じカテゴリーに属する刺激に対しては同じ反応をし（般化），異なるカテゴリーに属する刺激に対しては違う反応をする（分化）。サルを用いた研究によれば，左前頭葉に視覚刺激の特性とは関係なく報酬を予測するニューロンと，特定のカテゴリーの報酬価を処理する2種類のニューロンがあり，これらがカテゴリー学習を支えているという（Pan et al., 2008）。

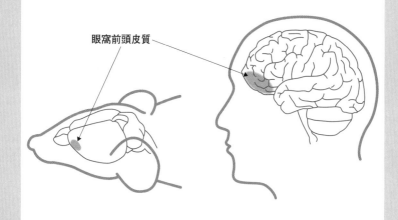

眼窩前頭皮質

図 5-8　ラットとヒトの眼窩前頭皮質

学習セット　　学習セットとはウィスコンシン大学のハーロウが提唱した概念で，単純な弁別課題を次々に与えると正答率の上昇が徐々に加速化する現象である。この加速化は大脳の進化と関連がある（図 5-9）。ハーロウはこの現象を「学び方を学んだ」と表現したが，刺激の物理的性質に関わりなく，すべての刺激が「報酬をもらえるもの（正刺激）」と「もらえないもの（負刺激）」に分類することを学習したと考えれば，学習セットの形成をカテゴリー学習の一例と考えることもできる。

概念学習　　私たちは「動物」「植物」といった概念を持っている。概念にはルールの集合という側面と，典型事例を中心とした事例の集合という側面がある。近年，脳機能の研究に計算論的モデルが導入され，概念学習の神経機構研究が進んだ。現在，海馬，前頭前皮質，頭頂葉皮質などが異なった機能を担いつつ協働しているというモデルが提唱されている（Zeithamova et al., 2019）。

刺激等価性　　学習セットとやや似た概念に**機能的等価性**というものがある。私たちは「リンゴ」という文字を読めば，それが特定の果物を示していることがわかる。「リンゴ」という文字は実物のリンゴとは全く似ていないが，私たちはそれらが同じ意味であることを学んだのである。すなわち，私たちは物理的に異なる刺激が同じ意味を持つ（刺激として等価である）ことを学習した。**刺激等価性**は数学・論理学の概念を借りて反射律，対称律，推移律が成り立つときに成立していると考えられる（『学習の心理　第 2 版』参照）。刺激等価性の成立は脳損傷患者のリハビリや発達障害児の成育訓練などに重要な意味を持つことから，**非侵襲的脳機能測定法**を用いた研究が盛んに行われている（山崎ら，2008）。

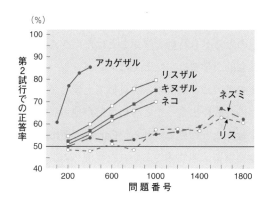

図 5-9　学習セット形成能力の種間比較 (二木, 1984)

2つの選択肢 (たとえば三角形と四角形) のうちどちらかを選べば報酬がもらえる。その正答率が十分上昇したところで課題を変えて、たとえば円形と星形などにする。この課題に上達すれば、最初の試行ではどちらが正解かわからないのでデタラメに反応するが、たまたま報酬がもらえたらそちらが正解であり、そうでなければ逆側が正解であることがただちにわかるので、第2試行の正答率は急激に上昇するはずである。図の横軸は次々に課題を変えた課題数で、縦軸は第2試行での正答率である。これを見ると霊長類では比較的速やかに学習セットが形成されるが、ネズミやリスではそうではないことがわかる。

観察学習　私たちは他者の行動を見て，それを模倣したりしなかったりして自己の行動を形成する。形成の過程には道具的条件づけが関わっていると考えられるが，バンデューラは人形に対する大人の攻撃行動を子どもが真似る実験を報告し，**社会的学習理論**を提唱した。

　集団を作って社会的生活を営む動物種にとっては，他個体の行動から自己のとるべき行動を学ぶことはたいへん重要である。そのような社会的な学習は，たとえばチンパンジーがアリを釣る行動，ある種の鳥のヒナが親の歌を真似て上達していく行動，げっ歯類が生存の脅威に出会ったときの反応が他者に伝播して逃避や回避を促す行動などに見てとれる（Carcea & Froemke, 2019）。

　また，観察学習は他個体のおかれた状況への共感や，他個体とのコミュニケーション，ひいては社会的な絆の形成にも関係が深いと考えられ，活発な研究が行われている。例えば，マウスは他個体がストレスを受けている場面を目撃すると，自身も報酬に対する感受性が低下するなど，うつ状態に似た行動を起こすようになる（Nakatake et al., 2020）。

　その一例をあげると，マウスやラットの海馬は空間記憶の形成と保持に重要であり（第4章），海馬には空間内での自己の位置をコードする**場所細胞**がある。そこで，T字型の迷路内の他者の位置（左右）を見て自己の進路を選ぶ学習課題を行うと，海馬CA1領域の錐体細胞に自己の位置をコードするもののほかに，他者の位置をコードするものと，自己と他者の位置を同時にコードするものが現れてくる（Danjo et al., 2018）。

　高野らは，他個体の学習行動を観察することによって自己の学習が促進されるかどうかを，ラットの八方向放射状迷路を用いて調べた。実験では，図 5-10 に示すようなセッティングで，「デモンストレーター」が各アームの先端に置かれた餌を取って歩く。その様子を中央の区画に置いた金網のカゴの中に入った「オブザーバー」が観察する。実験の結果，オブザーバーはアームの中で立ち上がるような無駄な行動が減り，観察を重ねるに従ってアームを探索する時間が短くなり，効率良く餌が取れるようになった。興味深いことに，デモンストレーターは必ずしも「上手なお手本」を示す必要はなかった。オブザーバーはデモンストレーターのエラーからも何かを学んでいたということになる（Takano et al., 2017）。

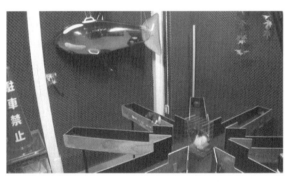

図 5-10　八方向放射状迷路を用いた観察学習
(Takano et al., 2017)

走路の先端に餌が置いてある。走路周囲の様々なオブジェクトが空間定位の手がかりになる。

学習と意思決定　私たちは，多様な情報が錯綜する不確実であいまいな事態にも適応することを学習する。その行動や神経機構を解明するのが意思決定の研究である。

　たとえば，図5-11のような回廊式の装置を用いて，ラットが右左どちらの水飲み場から水を飲むかを手がかりにして，意思決定の神経機構を調べた研究がある（Sul et al., 2011）。この実験ではそれぞれの水飲み場から水が飲める確率が不確実であり，数十試行のブロックごとに左が得か右が得かがランダムに変わった。それでもブロック単位でみるとラットは水が多く得られるほうを選んでおり，この行動に関連するニューロンはヒトの補足運動野に相当する内側無顆粒皮質にあった。

　ヒトの意思決定には，利得と損失を比較検討する過程が含まれる。たとえば，損失の大きさを色で表し，利得の大きさを形で表した図形を提示し，この図形を「取る」（ポイントが貯まるが損もする）か「捨てる」（ポイントは貯まらないが損もしない）かを決めてもらう。このときの脳活動をfMRIで撮影すると，利得は側坐核，損失は扁桃体でコードされ，両者が腹内側前頭皮質で統合されて頭頂間溝で意思決定が行われていることがわかった（図5-12）（Basten et al., 2010）。腹内側前頭皮質は大脳皮質前部に位置し，目標志向的な行動に重要と考えられている。頭頂間溝は頭頂葉の外側面を走る脳溝で，視覚と運動の協調をコントロールしていると考えられているが，近年の研究では不適切な行動の抑制にも関与することが示されている（Osada et al., 2019）。

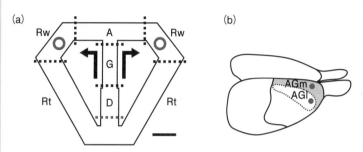

図 5-11　ラットの意思決定課題とそれに関わる脳部位 (Sul et al., 2011)
(a) 実験装置。記号は行動と神経活動の対応を調べるために設けられた区分
(A：報酬接近，G：進行，D：待機，Rw：報酬獲得，Rt：帰路)。青色の円
のところで水が飲める。
(b) ラットの脳 (AGm：内側無顆粒皮質，AGl：外側無顆粒皮質)。

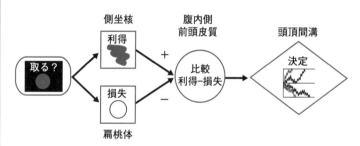

図 5-12　利得と損失に基づく意思決定の神経回路 (Basten et al., 2010)

● ● ● ● 参考図書

実森 正子・中島 定彦（2019）．学習の心理——行動のメカニズムを
　　　探る—— 第2版　サイエンス社

　本書は学習心理学の全容を把握するために好適な教科書である。第
2版では近年の研究の進展に鑑み，動物の記憶研究に関する内容が拡
充されている。この本で基本的な研究法や概念を学ぶと，本章の内容
が理解しやすくなるだろう。

久保田 競（編著）虫明 元・宮井 一郎（2007）．学習と脳——器用
　　　さを獲得する脳—— サイエンス社

　学習の神経機構に関する入門書として有用である。前半の章では，
脳の領域ごとにその働きが解説されている。本章で詳しく解説するこ
とのできなかった運動学習に焦点があてられているのが特徴である。
後半の章では，リハビリテーションなど臨床への応用についても解説
されている。

澤 幸佑（編）（2022）．手を動かしながら学ぶ学習心理学　朝倉書店

　本書には学習心理学を学ぶ人が知るべき必須の知識が厳選されてい
るが，何といっても一番の特色は「デジタル付録」にある。指定され
た URL にアクセスすると動画を見ることができたり演習問題に取り
組むことができたりする。心理学で動物実験を経験できる施設が少な
くなったので，この動画は貴重である。本章で少しだけふれた工学の
進歩についても独立した一章が充てられていて参考になる。

脳 と 情 動

　本章で扱うのは，いわゆる感情，喜怒哀楽の世界である。私たちの日常生活に彩りを与える喜怒哀楽は，人間が生物として生きていくための根本的な機能に関わっている。それはある事物が生存に有利か不利かという価値判断に基づき，私たちの行動を組織する。情動を生む神経機構は脳に深く刻まれており，身体反応や高次の認知機能と縦横にネットワークを作っている。それゆえに情動は心身の健康とも深い関わりがある。

● 情動の理論

末梢起源説と中枢起源説　心理学では「特定の刺激によって誘発され，身体反応を伴う比較的強い感情」のことを**情動**という。いかにして情動が生じるのか，19世紀末にジェームズは，ある刺激によって生じた身体反応が脳で知覚されて情動が生じると考えた。ジェームズは身体反応として骨格筋や内臓諸器官の反応を考え，ほぼ同時期の生理学者ランゲは血管循環器系の反応を考えた。今日では彼らの説は**ジェームズ＝ランゲ説**としてまとめられ，**情動の末梢起源説**と呼ばれている（図6-1 (a)）。

この説に対して，身体反応とくに内臓諸器官の反応は緩慢であること，麻痺によって身体反応の知覚が阻害された人にも情動が生じることなどの反証が挙げられ，それを受ける形で1920年代にキャノンとバードが脳で情動が生じるとする**情動の中枢起源説**（キャノン＝バード説）を唱えた（図6-1 (b)）。

情動の理論──その後の発展　1960年代になると，実験社会心理学で知られるシャクターがジェームズの説を修正し，状況によって喚起される身体反応は漠然としたもので，その状況を認知して一種のラベルづけを行うことによって情動体験が生じるという**2要因説**を唱えた（図6-1 (c)）。

情動の発生に認知が必要かどうかは，その後の心理学でも重要な論点であった。この点に関して神経生理学のルドゥは，脳内には認知を要せず素早く固定的な情動反応を喚起する経路と，素早くはないが認知的で精緻な情報処理をし，可変性に富む反応を生む経路の2経路があると唱えている（**2経路説**）（図6-1 (d)）（LeDoux, 1998）。

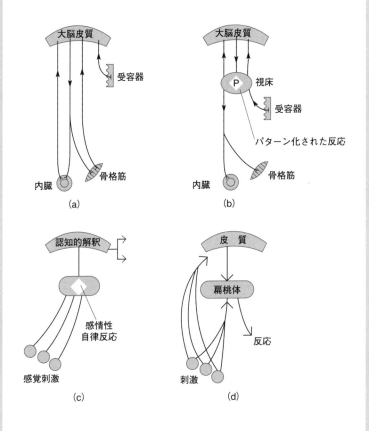

図 6-1　代表的な情動理論（濱ら，2001 を改変）
(a) ジェームズ=ランゲ説, (b) キャノン=バード説, (c) シャクターの2要因説, (d) ルドゥの2経路説（単純化したもの）。

● 情動表出の機構

情動表出と自律神経系　ドキドキする，汗が出る，顔がほてる，毛が逆立つ（鳥肌が立つ）といった身体反応は情動表出の重要な一形態である。こうした反応を制御しているのが**自律神経系**である。

　自律神経系は**交感神経系**と**副交感神経系**から成り，様々な臓器の活動を調節している。交感神経系のシナプス後線維からは**アドレナリン**，副交感神経系のシナプス後線維からは**アセチルコリン**が分泌され，各臓器の働きを拮抗的に調節している（図6-2）。自律神経系の活動は脳によって制御されているが，その主な中枢は**脳幹**と**視床下部**にある。視床下部の腹内側領域は交感神経系の，外側領域は副交感神経系の活動を調節している。

　情動と自律神経系の反応については，活発な研究が行われている。その一例として，好きな音楽を聴いたときに生じる「ぞくっとした感じ（鳥肌感）」を調べたものがある。鳥肌感は心拍数と呼吸数の増加や指先の容積脈波の低下と相関しており，交感神経系との関連が示唆された（Salimpoor et al., 2011）。

　自律神経系の反応は発達心理学の研究にも応用されている。6カ月齢と12カ月齢の幼児に正の情動反応を示す動画（乳児の笑い顔と笑い声）と負の情動反応を示す動画（泣き顔と泣き声）および中性の動画を示して瞳孔径を測定したところ，いずれの月齢でも負の情動を示す動画に対して瞳孔が散大し，しかも年長児の散大時間のほうが年少児よりも長かった（Geangu et al., 2011）。

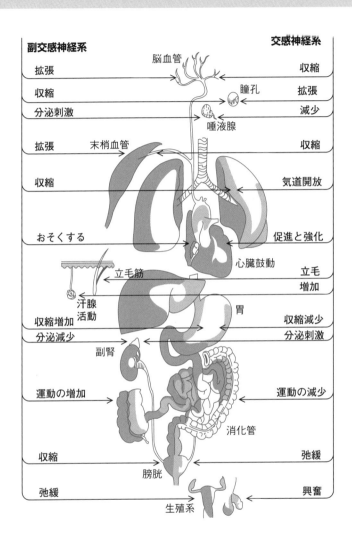

副交感神経系　　　　　　　　　　　　　　　　　　**交感神経系**

脳血管

拡張　　　　　　　　　　　　　　　　　　　　　　　　収縮

　　　　　　　　　　　　　　瞳孔

収縮　　　　　　　　　　　　　　　　　　　　　　　　拡張

分泌刺激　　　　　　　　　　　　　　　　　　　　　　減少

　　　　　　　　　　　　唾液腺

拡張　　　　末梢血管　　　　　　　　　　　　　　　　収縮

収縮　　　　　　　　　　　　　　　　　　　　　　気道開放

おそくする　　　　　　　　　　　　　　　　　　促進と強化

　　　　　　　　　　立毛筋　　　　　　　　　　　　　立毛

　　　　　　汗腺　　　　　　　　　　　　　　　　　　増加
　　　　　　活動　　　　　　　　　　　　胃

収縮増加　　　　　　　　　　　　　　　　　　　　収縮減少

分泌減少　　　　　　　　　　　　　　　　　　　　分泌刺激

　　　　　副腎

運動の増加　　　　　　　　　　　　　　　　　　　運動の減少

　　　　　　　　　　　　　　　　　　消化管

収縮　　　　　　　　　　　　　　　　　　　　　　　　弛緩

　　　　　　　　膀胱

弛緩　　　　　　　　　　　　　　　　　　　　　　　　興奮

　　　　　　　生殖系

　　　　　　　　　　　　　　　　　　　　心臓鼓動

図 6-2　身体の各器官に対する自律神経系（交感神経系と副交感神経系）の
　　　　調節をまとめた図（Bloom et al., 1985）

情動表出と内分泌系　各種のホルモンも情動との関わりを持つ。心身の健康に関係の深いホルモンとして，ストレスホルモンがある。生体にストレス刺激が加わると一連の機構が動いて副腎皮質から**コルチコステロン**（ヒトでは化学構造のやや異なる**コルチゾール**）が放出される。その機構は，まず視床下部から**コルチコトロピン放出ホルモン**（**CRH**）と呼ばれる神経ホルモンが分泌されて脳下垂体前葉に届く。その刺激を受けて脳下垂体前葉から**副腎皮質刺激ホルモン**（**ACTH**）が分泌され，血流に乗って副腎に届く。そこで副腎皮質から前述のホルモンが分泌されるという仕組みである。この一連の機構を視床下部（hypothalamus），脳下垂体（pituitary gland），副腎（adrenal gland）の頭文字をとって HPA 軸と呼ぶ。HPA 軸の活動はうつ病や不安症など精神的健康に重要な役割を果たしている（図 6-3）。

　視床下部は CRH のほか成長ホルモン放出ホルモン（GHRH），生殖腺刺激ホルモン放出ホルモン（GnRH），甲状腺刺激ホルモン（TRH）など，いろいろなホルモンの分泌を促すホルモンを分泌する。視床下部は中枢神経系と内分泌系をつなぐ中核であり，精神と身体の接点ともいえる。

　内分泌系の活動による身体機能の変化も一種の情動表出である。たとえば，ヒトを含む多くの動物種では，ストレスを受けると生殖機能が低下する。このような現象にも視床下部が関わっている（Kirby et al., 2009）。

　内分泌系は行動の調節にも大きな役割を果たしている。雌マウスではエストロゲンが性行動のみならず養育行動や社会的認知にも関わっており，雄マウスではテストステロンが性行動や攻撃行動を調節している（小川，2013）。

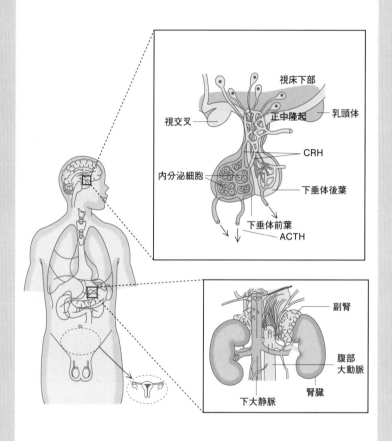

図 6-3　ストレスホルモンの分泌に関わる視床下部―脳下垂体―副腎のシステム（HPA 軸）（河田・樋口, 2004）

情動表出と表情・発声　ヒトには豊かな表情表出がある。ヒトの表情筋は顔面神経（第7脳神経）で支配されており，顔面神経の起始核は延髄の網様体にある。この顔面神経核には中脳や大脳皮質等から様々な求心性線維が到達しており，ヒトの表情表出機構が非常に複雑であることがうかがえる。第7脳神経は運動神経・感覚神経・自律神経の混合した神経である。

それでは，ヒト以外の動物にも表情があるのだろうか？　口腔に甘い溶液（ショ糖）と苦い溶液（キニーネ）を垂らして反応を観察した研究によると，前者には舌を引き込め，口を大きく開けるなど受容的，後者には舌を突き出し，口をすぼめるなど拒否的な反応が見られる。これは動物種を越えて共通のものと考えられるという（図6-4）。甘味に対する反応は側坐核に麻薬系の薬物を注入すると増強されることから，報酬系が関わっているらしい（Berridge & Kringelbach, 2008）。

また，ラットは超音波を発して鳴く。この鳴き声と情動との間に関係があるといわれている。痛みを感じる刺激や捕食者の匂いなど，回避すべき事態では22kHzの鳴き声が発せられる。これに対して，社会的な「遊び」のような行動や性行動などの合間には50kHzの鳴き声が記録される（Knutoson et al., 2002）。これらの鳴き声は情動の表出とする見解がある一方で，身体の動きなどに伴うアーチファクト（ノイズ）であるという見解や，情動表出というよりもむしろ社会的な信号であるとする見解もある。ヒトの情動の生物学的起源を明らかにするためにも，表出行動とその神経機構の研究の進展が望まれる。

【快反応（甘味）】

  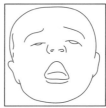

【嫌悪反応（苦味）】

（ラット）　　　　（オランウータン）　　　（ヒト乳児）

図6-4　ラットとオランウータン，ヒト乳児における快と不快の情動表出
(Berridge & Kringelbach, 2008)

扁桃体の役割　視床下部の活動は大脳辺縁系の一部である**扁桃体**の調節を受けている。扁桃体は情動との関わりが深い。扁桃体は**外側核，外側基底核，中心核**に大別される（図6-5）。外側核と外側基底核には各種の感覚入力が届いている。中心核からは脳内各部位に出力が送られており，経路によって特徴的な反応を起こす。たとえば，恐怖を感じた際に扁桃体中心核から中脳水道周囲灰白質に至る経路はすくみ反応（フリージング）や逃走行動を起こし，脳幹部の橋網様体に至る経路は驚愕反応の増強，視床下部に至る経路はストレスホルモンの分泌を促す。このように中心核からの出力は，危険もしくは有害な刺激に対して身体反応を起こす警告系であるといえる。外側基底核は条件刺激と無条件刺激を統合する部位であり，その神経活動は経験によって変わる。味覚の生理的研究に数々の業績を残した山本隆は，味覚と情動の深い結びつきに着目し，味覚嫌悪条件づけ（第5章参照）における扁桃体の役割を調べている（Yamamoto, 2006）。味覚嫌悪条件づけでは，当初は好みを示した甘い溶液が条件づけによって「嫌い」になるが，このときには扁桃体外側基底核の神経活動が活発になっているという。

扁桃体と臨床　扁桃体は恐怖，不安，ストレス反応などを介して精神的健康に大きな役割を果たしている。例えば，一部の抗うつ薬は不安障害にも作用を示すが，この作用は扁桃体のセロトニンを介している（井上・小山，2009）。また，健常者でも不安傾向の強い人は扁桃体外側基底核と前帯状皮質の機能的結合が強いという（Hakamata et al., 2020）。

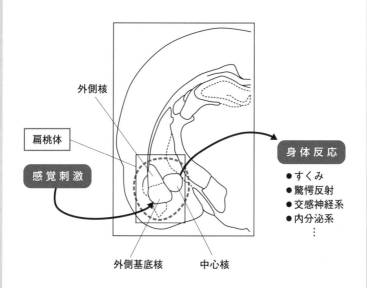

図6-5　扁桃体の位置と構造（Paxinos & Watson, 2013）

● 情動の認知

表情の認知 　他者の表情を認知し，その情動状態を推察することは社会生活上重要な機能である。

古くは1930年代に行われたサルの実験で，両側の側頭葉を切除するとヘビに対する恐怖反応が消失し，何でも口に入れてしまう，性行動が亢進するなどの症候（**クリューバー＝ビューシー症候群**）が見られた。このとき切除された部位には扁桃体が含まれていた。

また，サルの扁桃体に表情の認知に関わるニューロンが存在することが示されている。このニューロンはヒトの顔の実物に反応し，顔写真や掌，紙には反応しない。繰り返して同じ顔を見ていると反応は減弱するが，この顔が怒りの表情を見せると再び反応する（図6-6）。すなわち，このニューロンは社会的な信号と情動的な信号の両方に反応していると考えられる（西条ら，2005）。

ヒトでも扁桃体に損傷があると，恐れや怒り，喜びなどを写した顔写真を見たとき，その顔がどのような情動を表しているのかを識別することができなくなる。興味深いことに，それが誰の顔かを言い当てる能力は損なわれない（Adolphs et al., 1994）。表情の認知には大脳皮質の**上側頭溝**も関わっている。そこで，扁桃体の反応（情動喚起）が先に起こるのか，大脳皮質の反応（認知）が先に起こるのかという疑問が生まれる。ヒトの脳磁図（非侵襲的脳機能測定法の一つ）を用いた研究によると，先に起こるのは扁桃体の反応であったという（Sato et al., 2017）。ヒトの表情認知には後頭葉の視覚領域のほか側頭葉や頭頂葉の一部が関わっている（図6-7左）（Said et al., 2011）。

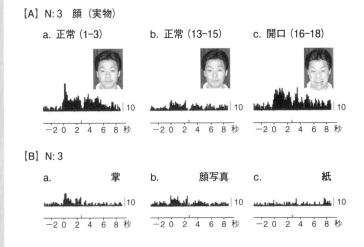

【A】 N：3　顔（実物）

a. 正常（1-3）　　　　b. 正常（13-15）　　　c. 開口（16-18）

|10　　　　　　　　　|10　　　　　　　　　|10

−2 0　2　4　6　8 秒　　−2 0　2　4　6　8 秒　　−2 0　2　4　6　8 秒

【B】 N：3

a.　　　　掌　　　　b.　　　顔写真　　　c.　　　　紙

|10　　　　　　　　　|10　　　　　　　　　|10

−2 0　2　4　6　8 秒　　−2 0　2　4　6　8 秒　　−2 0　2　4　6　8 秒

　図6-6　**サル扁桃体ニューロンの顔に対する応答性**（西条ら，2005）
カッコ内の数字は試行数を示す。このニューロンはまずヒトの顔に反応した
が（A-a），繰り返して提示すると慣れが生じて反応が低下した（A-b）。と
ころがこの人が怒りの表情を見せると再び反応した（A-c）。このニューロ
ンは掌（B-a）や顔写真（B-b），紙（B-c）には反応しなかった。

音声の認知 「怒りを含んだ声」「悲しみに沈んだ声」などがあるように，音声は表情と同じように情動の情報を伝える。実際，上側頭回には音声に特異的に反応する領域がある（図6-7右）。声はまず皮質下の神経核や聴覚皮質で処理を受けた後，言語情報，情動情報，発話者の同定などの処理過程に進む。声に含まれる情動的な情報は，右半球の中側頭回や上側頭回で処理されているらしい（Belin et al., 2011）。ただし，情動の内容によって関与する部位が変わり，大脳基底核や扁桃体が関わる場合もある。声の情報は他の情報と統合されて総合的な情動認知に至る。

姿勢・動作の認知 「ボディ・ランゲージ」という言葉があるように，姿勢や動作は何らかの情報を伝える。ヒトの脳の外側後頭側頭皮質にはヒトの身体像に強く反応する部位がある。この部位は身体的なイメージを喚起すれば線画にも反応する。しかし顔には反応しない。また，紡錘状回の顔に反応する部位の近傍にも身体に反応する部位がある。前者は指，手といった身体の一部に反応するのに対し，後者は全身像に反応する。身体的に表出された情動の情報は，扁桃体を介してこれらの部位に影響を与えている（Peelen et al., 2007）。

情動認知の意義 そもそも情動が様々な形で表出される意義は，他者に自己の状態を伝え，他者との関係を調節することにある。したがって情動表出を受け取った側には他者の情動を適切に認知し，その結果に基づいた社会的な意思決定をすることが求められる。このためには眼窩前頭皮質や内側前頭前皮質が重要な役割を果たしている。これらの領域に損傷があると，金銭の管理ができない，責任ある行動がとれず仕事が長続きしないなど社会生活に困難を生じることが指摘されている（村井，2006）。

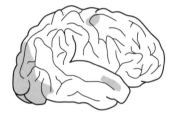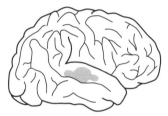

図 6-7　表情の認知に関わる部位（左）と音声の認知に関わる部位（右）
（左：Said et al., 2011, 右：Belin et al., 2011 を参考に作成）

● 情動と心身の健康

情動と痛み　情動は心身の健康に深く関わっている。その例として痛覚を考えてみよう。恐れや悲しみ，怒りなどの不快情動は痛みを増強し，幸福感のような快情動は軽減する（中江，2010）。これは痛みに感覚と情動という二面があるからで，前者は脊髄の外側を上行して大脳皮質体性感覚野に至る**外側脊髄視床路**，後者は脊髄の内側を上行して大脳辺縁系に至る**内側脊髄視床路**で伝えられる。ただし，両者にはお互いに線維連絡がある（図6-8）（小山，2013）。その一方で，脳幹から脊髄を下行して痛みの伝達を抑えるシステム（**下行抑制系**）も存在する。この系の伝達物質はノルアドレナリンやセロトニンである。そのためある種の抗うつ薬は痛みを抑制する。

情動と身体反応──過敏性腸症候群　過敏性腸症候群（Irritable Bowel Syndrome: IBS）とは，腹痛とそれに関連した便通異常が慢性的あるいは再発性に現れる病気であり，わが国の有病率は人口の約14％とされている（福土，2013）。IBSは**ストレス**と関係があり，患者は直腸の伸展刺激に対する痛覚閾値が低いこと，消化管の活動が様々なライフイベントを条件刺激とする古典的条件づけで活性化されることなどの事実から，心理的要因の影響が大きいと考えられている（濱口ら，2007）。近年ではIBSの発症機構として迷走神経や脊髄求心神経を介する腸と脳の関係，いわゆる脳腸相関が注目されている（Holtmann et al., 2016）。

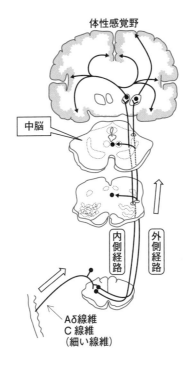

図 6-8　痛覚の伝導路（小山, 2013）

痛みの感覚は C 線維と呼ばれる細い無髄神経を通じて脊髄に伝わる。脊髄を上行する経路は外側経路と内側経路に分けられる。外側経路は痛みの感覚的側面を伝える経路で，体性感覚野に至る。内側経路は痛みの情動的側面を伝える経路で，大脳辺縁系を含む脳の広範な部位に至る。

　ストレスとは本来「ゆがみ」とか「ひずみ」という意味の物理学用語であり，生理学者のセリエがラットに寒冷や温熱などの刺激を与えたときに生じる反応をストレス反応と呼んだことから，生理学や心理学で広く使われるようになった。生体はストレスを与える刺激（**ストレッサー**）に対して抵抗を試みるが，ストレッサーがあまりに強い場合には疲弊する。疲弊した状態では副腎の肥大，消化管の潰瘍，胸腺とリンパ節の退縮という共通の症候が見られた。これらのうち副腎の肥大は HPA 軸の活動の結果であり，消化管の潰瘍は交感神経系の活動によって胃液分泌が促進された結果である。胸腺とリンパ節の退縮は免疫機能の疲弊を示す。ストレスによって様々な病気にかかりやすくなることはよく知られているが，この背景には免疫機能の低下がある。

　免疫機能は，胸腺で作られ異物を攻撃する各種の T 細胞，脊髄で作られ抗体を産生する B 細胞といった各種のリンパ球を中心に営まれている（図 6-9）。免疫系と神経系には相互関係があり，リンパ球の表面には神経伝達物質やホルモンの受容体がある。また，免疫細胞が産生する化学物質（**サイトカイン**）の受容体が視床下部などにある。このような相互関係が身体反応と脳の活動の間を取り持っている。

　ストレッサーに対する反応には個人差があり，ストレス反応から疾病に至る脆弱性にも個人差がある。心理生物学的ストレス反応に対する個人差に着目した研究が進展しつつあり，心身の健康増進に資することが期待される（津田ら，2001）。

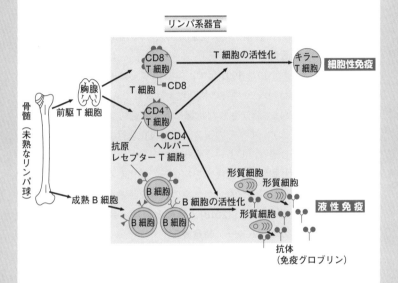

図 6-9　**免疫機構の基礎**（河田・樋口，2004）
体を異物から守る免疫機構には大きく分けて免疫細胞自体が異物を処理する
「細胞性免疫」と，抗体を産生して異物を処理する「液性免疫」とがある。
細胞性免疫は，骨髄で作られたリンパ球が胸腺でT細胞（胸腺：thymus のT）
になることによって担われている。液性免疫は，B細胞（骨髄：bone mar-
row の B）がそのまま骨髄で増殖して活性化することで担われている。

◉ ◉ ◉ ◉ 参考図書

大平 英樹（編）（2010）．感情心理学・入門　有斐閣

　感情全般について，生物学的基盤，機能，進化，認知，発達，言語，病理，健康という広範な切り口から解説してあり，感情心理学を知るために好適な書である。各章の「扉」に示されたマンガとその吹き出しのセリフがそれぞれのポイントをうまく要約している。

戸田 正直（2007）．感情──人を動かしている適応プログラム──
　　東京大学出版会

　原著が出版されたのは 1992 年で，本書はすでに古典の域に属するが，「アージ理論」という独特の情動理論は今日でも価値を持つ。「アージ（urge）」とは「認知された状況に応じて適切な対処行動を選択させるソフトウェア」で，そのシステムは現在進行中の他の活動に優先するので「差し迫った」という意味でアージという。著者はこの考えを基本に感情と認知，意思決定を抱合し，進化から現代社会における不適応までを視野に入れたスケールの大きな議論を展開している。

川端 秀明・森 悦郎（編）（2018）．情動と言語・芸術──認知・表
　　現の脳内メカニズム──　朝倉書店

　近年進展の著しい分野が，ポジティブな情動，すなわち喜びや快感，美しさの受容と感動などに関する領域である。本書は，この領域の第一線の研究者による解説である。「快を感ずることのできない」臨床問題にもふれている。興趣の尽きない一冊である。

脳と動機づけ

　動機づけとは，行動を開始，維持，もしくは停止させ，行動の方向を決めるある種の力のようなものを示す言葉である。このような力がもし自覚的に意識されれば，それを欲求と呼ぶこともできるだろう。動機づけは生物としての生存の可能性を高めるように働く力であり，個体維持のためのもの，種族維持のためのもの，これらから派生してきたものなどに分類できる。本章では，いくつかのトピックを取り上げて動機づけの神経機構について学ぶ。

● 動機づけと進化

動機づけの生物学的意義 　動機づけの起源を生物界にたどれ
ば，原生生物に見られる走性にまでさかのぼることができる。ア
メーバは餌（細菌）が乏しくなると化学物質（サイクリック
AMP）を分泌し，周りの個体を引き寄せて多細胞生物のような
形をとり，餌のあるところまで移動する。

　人間からみて下等とされる動物では，動機づけ行動の多くは生
得的な神経回路によって発現する。たとえば，ヒキガエルは目の
前を横に長いものが動けば，舌を伸ばして捕食しようし，縦に長
いものが動けば逃走行動を起こす。これは，カエルの目の前を横
に動く長いものは餌になる「ムシ」であることが多く，縦に長い
ものは「鎌首をもたげたヘビ」などの外敵であることが多いから
である。ヒキガエルの網膜では，「ムシ」に反応する神経節細胞
と「ヘビ」に反応する神経節細胞が違う。それらは視蓋で別々の
神経細胞を興奮させ，中脳を介して捕食か逃走かの行動出力に至
る。興味深いことに，視蓋神経核の活動はカエルが空腹であると
活発になり，満腹であると不活発になる（図7-1）（Ewart, 1976）。

　人間の摂食や性などの動機を調節する神経機構はこのように単
純ではないが，それでもその根底には系統発生的に起源の古い神
経系の活動があると考えられ，動物としての私たちの生存価を高
めるように機能している。ふだんその活動を意識することは少な
いかもしれないが，その活動は確実に私たちの行動に影響を与え，
時には深刻な臨床問題に結びつくこともある。

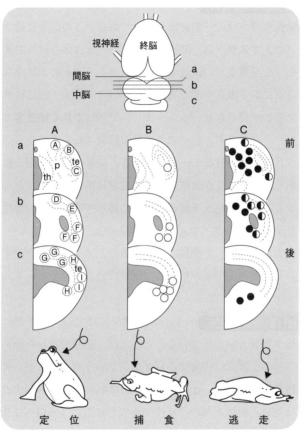

図 7-1　ヒキガエルの捕食・逃走機構（Ewart, 1976）

ヒキガエルがどのような行動を起こすかは，中脳の視蓋周囲のどの神経細胞が興奮するかによって決まる。A 列の○は定位行動（注意を向ける行動）を起こす部位，B 列は舌を伸ばして獲物を捕る行動が誘発される部位，C 列はヘビのようなものを察知して逃げる行動が誘発する部位である。C 列で白丸と黒丸が半々になっている部位は定位行動と逃走行動の両者を起こす。

● 摂食・飲水行動

摂食行動の神経機構　ものを食べる行動の第一の意義は，体内の栄養環境をほぼ一定に保つことである。このような機構を**恒常性（ホメオスタシス）の維持**という。一定に保つべき栄養環境のうち，最も重要なのは血液中の糖分である。そのホメオスタシスは間脳にある視床下部で調節されている。視床下部にはグルコースで活動が促進され，インシュリンで抑制される**糖受容ニューロン**と，その逆にグルコースで活動が抑制され，インシュリンで促進される**糖感受性ニューロン**がある。前者は視床下部の腹内側核にあり，この部位が破壊されると動物は摂食行動が止まらず肥満になる。後者は視床下部の外側野にあり，この部位が破壊されると動物はものを食べなくなる（図7-2）。視床下部という小さな領域のほぼ隣接した部位にブレーキ役とアクセル役を演ずるニューロンがあり，両者が拮抗的に摂食行動を調節しているわけである。

摂食行動の液性調節　食行動の調節には主に視床下部に作用する化学物質も関わっている。たとえば，脂肪細胞から分泌され，視床下部の受容体に作用する**レプチン**というホルモンや，**メラニン細胞刺激ホルモン**（α-MSH）などは摂食行動を抑制する。これとは逆に，視床下部の弓状核で合成される**ニューロペプチドY**や，外側視床下部に存在する**オレキシン**というペプチドは摂食行動を促進する（桜井，2003）。興味深いことに，オレキシンには睡眠と覚醒を切り替えるスイッチとしての機能もある（Mieda & Yanagisawa, 2002）。

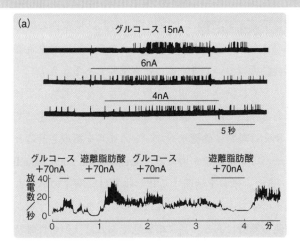

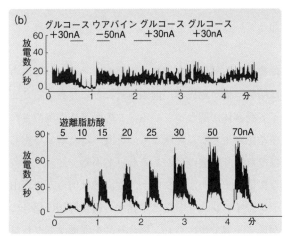

図7-2 視床下部の糖受容ニューロン (a) と糖感受性ニューロン (b)

(西条・小野, 2000)

(a) 糖受容ニューロンは視床下部腹内側核にあり, 局所的にグルコースを適用すると活動が活発になり, 空腹時に増加する遊離脂肪酸では活動が抑制される。添加物質の濃度は電気泳動的投与の濃度を示す。

(b) 糖感受性ニューロンは視床下部外側核にあり, グルコース適用によって活動が抑制され, 遊離脂肪酸で促進される。ウアバインは細胞膜の状態を元に戻すために使われた。添加物質の濃度は電気泳動的投与の濃度を示す。

過食が起こる仕組み　　ヒトの摂食行動は恒常性の維持だけでは理解できない。過食や肥満が問題となる今日，恒常性維持とは別の摂食動機について考えることも重要である。

　食物，とくに糖分や脂肪分を多く含む美味な食物は生体にとって価値ある報酬であり，報酬系（第5章）がその探索に関わっている。例えば動物に砂糖水やコーンオイルを摂取させると，**側坐核**のドーパミン遊離量が増える（Avena et al., 2008; Adachi et al., 2013）。また，摂食を調節する化学物質は報酬系の活動も調節する。例えばオレキシンの受容体は側坐核にあり，レプチンの受容体は**腹側被蓋野**にある。通常の状態であれば，恒常性維持の機構と報酬探索の機構はバランスを保ち，適切な摂食行動の開始や停止を調節している。しかし，時にこのバランスが崩れることがある。

　味覚は食物の報酬価値を認知する重要な手がかりである。この認知には脳幹，橋，扁桃体，前頭前野などに存在するミュー（μ）**オピオイド受容体**が関わっている。この受容体が刺激されると陶酔感，多幸感が生じる。美味なものを食べると幸せな感じがする体験にはそれなりの裏づけがあるわけである。

　詳細な機構はまだわからないが，肥満者は何らかの理由によってレプチンやインシュリンなどが発する摂食抑制の信号に対する感受性が低く，胃で産生され，摂食行動を促進する**グレリン**というペプチドに対する感受性が高い。恒常性維持機構の感度が低下した結果，報酬探索の動機が相対的に強まり，過剰な摂食行動が起こるのではないかと考えられている（Egecioglu et al., 2011；図7-3）。

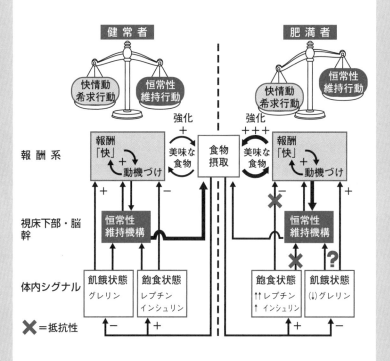

図7-3 **食べ過ぎと肥満が起こる仕組み**（Egecioglu et al., 2011）
肥満者では飽食状態を示すシグナル（レプチンやインシュリンの増加）に対する感受性が低下し，美味な食物に対する快報酬価値への感受性が増大している（円環が若干太くなっていることで示す）。

飲水行動の調節機構　系統発生的に陸に上がって生活するようになった動物も，体内には豊富な水分を抱えている。しかし，細胞内外の水分がほぼ一定に保たれていないと，正常な生理機能を営むことができない。生体膜のような**半透膜**を介して化学物質の濃度勾配がある場合，薄いほうから濃いほうに溶媒が移動する。この移動を起こす力が**浸透圧**である。

浸透圧のセンサーは視床下部の前部にある。視床下部には口渇中枢があり，浸透圧センサーの入力を受けて口渇感，飲水行動を起こす。このセンサーが水分の不足を感知すると，**脳下垂体後葉**に作用して**バソプレッシン**というホルモンを分泌させる。バソプレッシンは腎臓に作用して尿細管からの水分の再吸収を促し，体から水分が失われるのを防ぐ。

また，脱水によって血漿量が減ってくると，**レニン-アンジオテンシン系**という一連のシステムが作動する。まず腎臓の**糸球体傍細胞**からレニンというホルモンが分泌され，肝臓や脂肪細胞で作られるアンジオテンシノーゲンを切断してアンジオテンシンⅠを作る。アンジオテンシンⅠはアンジオテンシン転換酵素（ACE）によってアンジオテンシンⅡに変わる。この物質が血管を収縮させて血圧を上昇させ，脳室周囲の受容体に作用して飲水行動を起こす（deCatanzaro, 1999）（図 7-4）。この系は高血圧症との関連が深く，臨床的にも重要である。

飲水行動調節の背景には細胞の内外で水分子のやりとりをしている機構がある。その正体は細胞膜にある**アクアポリン**（水チャネル）というタンパク質で，ヒトの 1 型アクアポリンは 1 分子あたり 1 秒間に 30 億個の水分子を移動させる（鈴木・田中，2014）。アクアポリンは各種の疾患にも関係している。

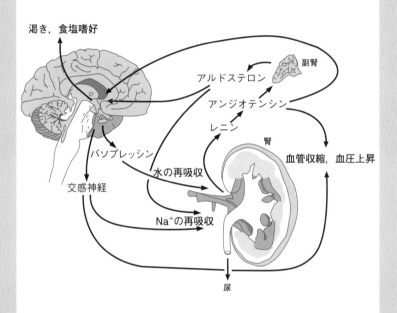

渇き，食塩嗜好

副腎

アルドステロン

アンジオテンシン

レニン

腎

バソプレッシン

水の再吸収

血管収縮，血圧上昇

交感神経

Na⁺の再吸収

尿

図 7-4　**飲水行動の調節機構**（山下・大坂, 2000 を一部改変）
水分や電解質の恒常性を維持するための機構は，血圧調節の機構と密接に関わっている。

● 攻 撃 行 動

攻撃行動の生物学的意義　攻撃行動とは，他者に身体的危害を加えようとする行動である。暴力や犯罪，戦争などが大きな問題となっている今日，攻撃行動の本来の意義とメカニズムを理解することは重要な課題といえよう。

攻撃行動には生物学的な意味がある。たとえば，多くの動物はなわばりを作り，侵入してきた個体を攻撃するが，本来，なわばりとは限られた資源を有効に配分し，多くの個体の生存と繁殖を可能にするためのものである（Ridley, 1986）。なわばりを侵す個体に適切な攻撃行動を加え，その個体を本来のなわばりに帰すことは，自己のみならず他者の生存可能性をも高めることにもなっているのである。

動物の攻撃行動は，立毛，威嚇姿勢，うなり声など交感神経系の興奮徴候を伴い，対象に突進して叩いたり噛んだりする攻撃行動（**防御性の攻撃**）と，興奮の徴候を伴わず，肉食動物が獲物を獲得するときのような「静かに忍び寄る」攻撃行動（**捕食性の攻撃**）とに大別できる。これらを調節する部位は主に視床下部である。防御性の攻撃は視床下部腹内側部を電気刺激すると誘発される。ただし，次項で述べるように，この部位が防御性の攻撃行動を起こす中枢というわけではない。一方，捕食性の攻撃行動は視床下部の外側部を刺激すると誘発される。このことから，捕食性の攻撃は摂食行動の一部とみなすことができると考えられている。本書では捕食性攻撃の神経機構には詳しくふれないが，視床下部は生命維持に関わる様々な行動を調節している。

Topic　動物の「子殺し」

　1960 年代，京都大学の杉山幸丸はハヌマンラングールというオナガザル科の霊長類で「子殺し」が見られることを報告した。ある日，オスグループが別の群れを襲い，リーダーオスと若いオスや子どものオスを追い出した。その後，群れを奪取したオスグループの中で闘争が起こり，最も攻撃的だったオス 1 頭だけが残った。興奮した新リーダーオスは 5 頭の赤ん坊と 3 頭の若い子どもをかみ殺した。赤ん坊を失うと 9 頭いたメス個体は次々と発情して新リーダーと交尾し，約半年後にいずれも出産した（Sugiyama, 1965）。

　こうした「子殺し」は他の霊長類やライオンでも報告され，オスがメスを再発情させて自らの子を残そうとする戦略だと考えられるようになった。これは自分の遺伝子を残したいオスにとっては意味のある戦略といえるが，メスにとってはそうではない。メスも対抗措置をとる。優位オスが交替すると高度の確率で流産が起こるのである。これは「ブルース効果」と呼ばれ，マウスでも見られる。マウスでブルース効果を起こす引き金になるのはオスマウスの涙液に分泌され，メスマウスの性行動を促進する ESP1 というフェロモンである。メスマウスは自分が交尾したオスとは異なる ESP1 を鋤鼻器官の受容体で感知すると，妊娠状態を維持するホルモンの分泌を抑制し，高頻度で流産を起こすようになる（Hattori et al., 2017）。

攻撃行動の神経機構 刺激実験からは，防御性攻撃の中枢が視床下部内側部にあるかとも思われるが，実はそうではない。なぜなら，グルタミン酸で化学的にこのニューロンを興奮させた場合，攻撃行動は起こらないからである。電気刺激で興奮したのはこの部位を通過している神経線維であり，その起点は中脳の水道周囲灰白質にある（堀，1991）。**水道周囲灰白質**は恐怖によるすくみ行動や逃走反応，心拍数や血圧変化などの自律神経系反応にも関わっており，扁桃体や視床下部と一体になって緊急事態に備えるシステムを構成している（図7-5）。生態学的に妥当な攻撃とヒトの過剰な暴力行為との区別は重要な研究課題であり，活発な研究が続けられている（Miczek et al., 2007）。

攻撃行動の液性調節 ヒトの攻撃行動を調節する物質として，男性ホルモンである**テストステロン**，コルチゾール（HPA軸で調節されるストレスホルモン），およびセロトニンが注目されている（Montoya et al., 2012）。テストステロンのレベルが高い人は怒りの表情に対して注意を向けやすく，恐怖の表情に対する注意が低い。コルチゾールはその逆で，コルチゾールのレベルが高い人は怒りの表情への反応が低下しており，恐怖の顔への反応が高い。他者の恐怖表情に対する感受性が低いと，行動レベルでは攻撃行動が促進されると考えられるから，テストステロンのレベルが高く，コルチゾールのレベルが低い場合に社会的な攻撃傾向が強くなると予測される。一方，前頭眼窩野や前部帯状回のセロトニンは衝動性と関係があり，これらの部位のセロトニンが欠乏した状態では衝動的な攻撃行動が出現しやすくなると考えられている。

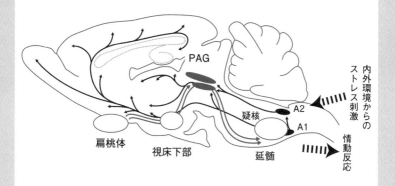

図7-5 水道周囲灰白質（periaqueductal gray：PAG）の位置とその入出
力関係

● 性分化と性行動

性行動の意義　有性生殖を行う生物は遺伝的に多様な子孫を残すことによって，親世代が生き延びることのできないような環境の変化があっても滅びることなく次世代を繁栄させることができる。

　繁殖を成功に導くには微妙な行動調節が必要である。生息環境の中から生殖に適した相手個体を探し，同性の他個体との競争に勝ち，相手個体のなわばりを解除して接近する。次いで，相手個体の行動と同期を取り，受精に至るプロセスをうまく導く。この過程で見られるのが様々な**求愛行動**である。求愛行動のメカニズムを探るには適切な実験系が必要である。この目的にかなった動物としてショウジョウバエがあり，活発な研究が行われている（図7-6）。

性分化——遺伝子の性　有性生殖を行う生物に雌雄の性があるのは当然のことのように思われるかもしれないが，オスとメスの分化は単純なものではない。動物には少なくとも遺伝子の性とホルモンの性の2段階の性決定機構がある。ヒトの場合はさらに社会文化的な要因も加わる。

　遺伝子の性は，受精の瞬間にどのような**性染色体**を持つかによって決まる。オスの性染色体はXY型であり，メスはXX型である。胎児の性原基はもともとメス型になるようにプログラムされているが，Y染色体上にはSRY（スライ）（Sex determination Region Y）と呼ばれる遺伝子があり，ヒトでは胎生期の8週目頃から働き始める。SRY遺伝子が働くことによって胎児の性原基はオス型になる（Sinclair et al., 1990）。

| 定位 | 接触 | 羽を振わせる「求愛歌」 | 交尾器への舐め | 交尾 |

（a）

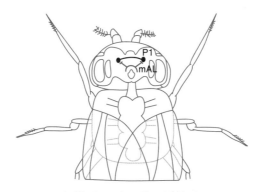

（b）前肢でフェロモンを感知すると翅の動きを制御する mAL ニューロン群や求愛行動を制御する P1 ニューロン群が活性化される。

図 7-6　ショウジョウバエの求愛行動（a）と求愛行動を調節する脳部位（b）
　　　　（(a) Bontonou & Wicker-Thomas, 2014 ; (b) Canpetella & Sache, 2015）

性分化──ホルモンの性　性原基がオス型になって精巣が作られると，ここから男性ホルモン（テストステロン）が分泌される。テストステロンが以後の脳の発達に影響を与え，脳がオス型になっていく。ヒトでは胎生期 20 週以降に脳の性分化が始まり，胎生 5〜7 カ月でほぼ確定するが，ラットでは出生後もなお脳の性分化に可変性がある。すなわち，出生直後の雄性ラットを去勢すると成長後の性行動はメス型になり，オスに見られるマウンティングではなく，脊柱を屈曲させる**ロードシス**というメス特有の姿勢を取る。メスの新生ラットにテストステロンを投与すると成熟後の性行動はオス型になる（佐久間，2002）。

性行動の調節機構　性行動は視床下部の前方に位置する**視索前野**，視床下部腹内側部，外側中隔野，中脳中心灰白質などによって調節されている（図 7-7）。これらの部位には性ホルモンを取り込むニューロンがあり，性成熟と性行動の調節が一体化している。視床下部には**生殖腺刺激ホルモン放出ホルモン（GnRH）**を放出するニューロンがあり，GnRH は脳下垂体の内分泌細胞を刺激して**黄体化ホルモン（LH）**および**卵胞刺激ホルモン（FSH）**を分泌する。LH は男性では精巣に作用してテストステロンの産生を促し，女性では子宮内膜に作用して受精卵が着床しやすい状態を作る。FSH は男性では精子形成，女性では卵胞発育，エストロゲン分泌を促進する。ストレスホルモンと同様に視床下部から下垂体を介して標的臓器に至る経路があるわけで，この経路を**HPG 軸**（hypothalamic-pituitary-gonadal axis）と呼ぶ。

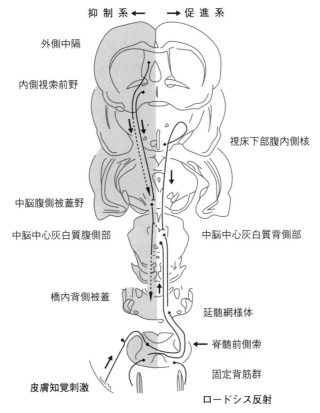

抑 制 系 ← → 促 進 系

外側中隔

内側視索前野

視床下部腹内側核

中脳腹側被蓋野

中脳中心灰白質腹側部　　　　　中脳中心灰白質背側部

橋内背側被蓋

延髄網様体

脊髄前側索

固定背筋群

皮膚知覚刺激

ロードシス反射

図7-7　ロードシスの調節機構（佐久間, 2000）

メスラットは交尾の際に背をそらすロードシスという特有の姿勢をとる。この行動は脳内の様々な部位によって抑制・促進双方の調節を受けている。適応的な性行動には両者のバランスが重要である。

● 社会的動機

達成動機 達成動機とは，主に社会的な場面で高い目標を掲げ，他者よりも優れた成績を挙げようとする動機である。この動機はいくぶんか攻撃性に関係がある。餌を奪い合う場面でオスのチンパンジーは競争的で攻撃的になるが，ボノボは宥和的で餌を分け合う。実験的にそのような場面を作ると，チンパンジーでは試行開始前の唾液中のテストステロンが増加し，ボノボではコルチゾールが増加する（Wobber et al., 2010）。餌を奪い合う場面をチンパンジーは競争ととらえていたのに対し，ボノボはストレス場面ととらえていた可能性がある。テストステロンは社会的な場面で「勝つ」ことの報酬価の認知に影響を与えているようであり，ヒト男性では顔つきが筋肉質かどうかとの間にも相関があるという（Pound et al., 2009）。

親和動機 親和動機とは，他者と良好な関係を作り，維持したいと願う動機である。社会的な親和性の形成にはオキシトシンが促進的な役割を果たしているらしい。オキシトシンは視床下部室傍核と視索上核で合成され，下垂体後葉から分泌されるホルモンで，子宮収縮作用や泌乳促進作用を持つ。齧歯類では嗅球，海馬，扁桃体，側坐核，ヒトでは大脳基底核，視床下部，黒質などにオキシトシンの受容体がある。オキシトシンは齧歯類では嗅覚に基づく個体識別に関与し，繁殖ペアの形成，性行動や養育行動の発現を促進する。また，ライフサイクル全般にわたる「絆」の形成という観点から，オキシトシンの作用を統合的に理解しようとする試みもある（Lee et al., 2009：図7-8）。

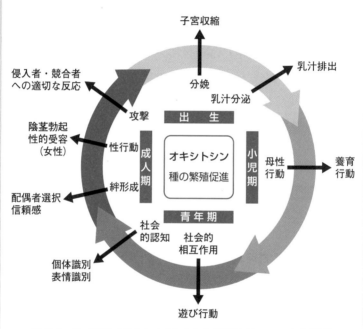

子宮収縮

乳汁排出

乳汁分泌

分娩

侵入者・競合者
への適切な反応

攻撃

出　生

養育
行動

陰茎勃起
性的受容
（女性）

性行動

成人期

オキシトシン
種の繁殖促進

小児期

母性
行動

配偶者選択
信頼感

絆形成

青年期

社会
的認知

社会的
相互作用

個体識別
表情識別

遊び行動

図 7-8　ライフサイクルとオキシトシンの役割 (Lee et al., 2009)

● 動機づけと行動の遂行

報酬系ドーパミンの役割　　動機づけの強さは，学習の速さや遂行行動のレベルを左右する重要な要因である。その神経機構は報酬系（第5章）のドーパミンを中心に研究されてきた。ラットの側坐核のドーパミンを6−ヒドロキシドーパミンという神経毒で枯渇させると，餌を報酬として道具的に条件づけられたレバー押し行動は，餌を得るのに必要な反応数が多くなると抑制される（Salamone et al., 2001）。50回のレバー押しで1粒の条件では若干の影響しか受けないが，100回で2粒では反応数が正常の3分の1，200回で4粒では10分の1以下に減少した。ここで興味深いのは，50対1という効率は変えていないことである。したがって，側坐核のドーパミンは行動の費用対効果ではなく労力の絶対量を左右していることになる。

目標指向行動のシステム　　動機づけと行動遂行の関係は，報酬系だけを考えて理解できるものではない。遂行行動のレベルには，行動がどの程度習慣化しているか，報酬の価値がどの程度魅力的であるか（誘因価という）といった要因が関与している。行動を起こす力が動機づけにあるとしても，実際の行動は常に何らかの目標に向かって進む。そこで，動機づけの研究は**目標指向行動**（goal-directed behavior）の研究と結びつく。目標指向行動の神経機構はサルやヒトを用いて盛んに研究されており，手がかり刺激によって「何をすべきか（行動）」が想起される過程と，「何が起こるか（帰結）」が想起される過程が組み合わさった機構が想定されている（de Wit et al., 2009；図7−9）。

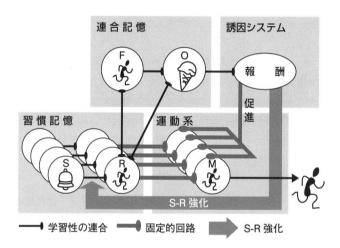

図 7-9　**目標指向行動の発現機構**（de Wit et al., 2009）
たとえばアイスクリーム店のベルの音を聞いてアイスクリームを買いに行く
までを考えると，感覚ユニット（S），反応ユニット（R），運動ユニット
（M），標的となる行動から生じる感覚フィードバックを処理するユニット
（F），反応の結果を処理するユニット（O）が働いていると考えられる。

●●●● 参考図書

デカタンザロ, D.A.　浜村　良久（監訳）（2005）．動機づけと情動
　　協同出版

　様々な動機づけについて包括的に解説した書物は少ない．本書では，
摂食，飲水，性，攻撃など，本章で紹介した話題に加えて，痛み，怖
れ，安らぎ，幸福，愛着など広範なテーマが取り上げられている．動
機づけを進化，生理，発達，社会の4つの視点からとらえた点に特徴
がある．本章ではふれなかった動機間の葛藤についても一章が充てら
れている．

櫻井　武（2012）．食欲の科学——食べるだけでは満たされない絶妙
　　で皮肉なしくみ——　講談社

　新書ながら，オレキシンの発見者による解説書で，学術的なレベル
は高い．摂食行動の神経機構が詳細に述べられている．本章では詳し
くふれる余裕のなかったレプチンの機能についても詳しい解説がある．
研究現場の雰囲気を伝えるリアルな「物語」も迫力がある．最後のほ
うでは日常生活の疑問や臨床問題についてもふれられている．

小林　牧人・小澤　一史・棟方　有宗（編）（2016）．求愛・性行動と脳
　　の性分化——愛——　裳華房

　日本比較内分泌学会が企画・編集した「ホルモンから見た生命現象
と進化」というシリーズの一冊である．比較という視点から，性行動
を魚類，両生類，鳥類，げっ歯類，ヒトと順番に解説され，最後に棘
皮動物の産卵行動が同調するというトピックでしめくくられている．
論文集のような趣もあるが，じっくり読めば興味深い話題に満ちてい
る．

脳 と 睡眠

　すこやかに眠ることは心身の健康の第一歩である。睡眠は人間にとって最も基本的な生理現象の一つであり，眠りとは何かを知らない人はいない。しかしながら，睡眠は生理・心理・社会など，いろいろな要因から容易に影響を受ける。現代人にとってすこやかな眠りを保つことは難しい課題になっているかもしれない。本章ではまず睡眠の基本的な性質について学び，次に，睡眠の神経機構を概観する。さらに睡眠に関する様々な臨床問題を生理心理学的に考える。

睡眠とは何か

覚醒水準　　　　　正常な意識現象の中で明確なのは，意識がある状態（覚醒）と意識がない状態（睡眠）の区別である。しかし，これらの区分は明確に分け得るものではなく，連続的な変化としてとらえられる。覚醒水準について科学的な研究が可能になったのは，1929年にベルガーが脳波を発見し，記録が報告されるようになってからである。図8-1に示すように，脳波は覚醒水準に対応した特定の波形を示し，意識水準や意識障害を知るための有効な指標になっている。覚醒時の脳波は振幅が小さく，周期が早く，不規則なパターンを示す（ベータ波）。

睡眠の段階　　　睡眠の段階は，脳波，筋電図，眼球運動などの記録によって特徴が把握され，質的に異なる**レム睡眠（逆説睡眠）**と**ノンレム睡眠（徐波睡眠）**とに大別される。ノンレム睡眠は覚醒水準が高いほうから低いほうへ，すなわち浅い眠りから深い眠りへと移行する段階1，2，3，4に区分される。睡眠段階が深まるにつれて，脳波の振幅は大きく，周期はゆっくりになって（**高振幅徐波**），規則正しいパターン（**同期化**）を示すようになる。それに対してレム睡眠は速い眼球運動（Rapid Eye Movement: REM）を伴うのが特徴であり，このときの脳波は動物では覚醒時，ヒトでは入眠時のパターンに近く，脳の覚醒水準は相当に高い状態にある。レム睡眠時には呼吸，血圧，心拍の激しい変動，陰茎の勃起，陰核の膨大など自律神経系が活発な状態にあるのに対して筋の緊張は著しく低下しており（持続的筋緊張消失），身体全体は深く眠っている状態である。

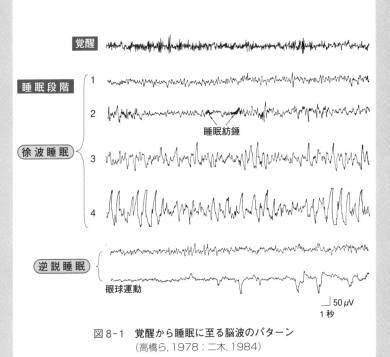

図 8-1 **覚醒から睡眠に至る脳波のパターン**
（高橋ら，1978；二木，1984）

睡眠周期　ヒトの一晩における典型的な睡眠経過は，入眠後，ノンレム睡眠の段階を脳波学的な 1, 2, 3, 4 と順次深い睡眠に移行し，その後再び浅い睡眠に移行した後にレム睡眠に入る。レム睡眠中に実験参加者を起こすと，夢を見ていたと報告することが多い。1 回のレム睡眠の平均持続時間は 20〜30 分で，再びノンレム睡眠に入る。ノンレム睡眠の開始からレム睡眠の終了に至る過程を**睡眠周期**と呼ぶ。一周期は約 90 分である。睡眠時間には個人差があるが，典型的な睡眠経過では，このような睡眠周期を一晩に 4〜5 回繰り返す。明け方に近づくにつれてノンレム睡眠の段階はだんだん浅くなる。

睡眠と発達・加齢　睡眠は発達に伴って 1 日に何度も眠る多相性睡眠から，1 日に 1 度眠る単相性睡眠に変わる（図 8-2）。また，1 日の睡眠中に占めるレム睡眠の割合は発達に伴って低下する。新生児は 3〜4 時間の覚醒状態を伴う睡眠パターンを示し，平均すると 24 時間中 16 時間は眠っている。また，新生児では成人のレム睡眠に相当する睡眠段階が睡眠周期の約 50% を占めている。この状態は生後 1 年に至る間に急速に消失し，4 歳児では全睡眠時間が平均 10 時間，14〜15 歳では 9 時間，成人に至ると 8 時間と減少していく。高齢になるとさらに睡眠時間は短縮する（図 8-3）。また，入眠時間と眠りの深さにも年齢による違いが見られ，子どもでは入眠までの時間が短く，深い眠りの割合が高いのに対して，高齢者では入眠までの時間が長く，眠りも浅くなることが知られている。

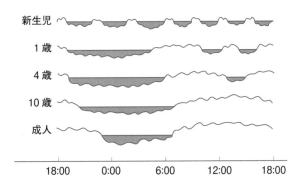

図8-2　**発達に伴う睡眠周期の移行**（Kleitman, 1963；津本, 1986）
網をかけた部分は眠っている時間で，その深さは模式的に睡眠の深さを示し
たものである。

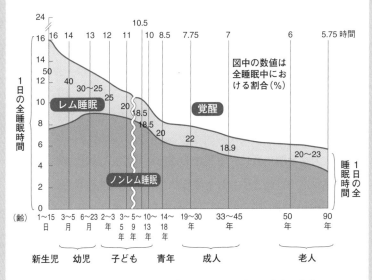

図8-3　**発達に伴うレム睡眠とノンレム睡眠の比率の変化**
（Roffwarg et al., 1966；津本, 1986を一部改変）

● 睡眠の神経機構

覚醒の神経機構　　明るく騒々しい部屋では眠りにくい。眠るためには暗く静かな環境が必要である。では，覚醒状態は感覚入力によって維持され，入力の水準が下がるから眠くなるのだろうか。1930年代にはそのように考えられていた（**刺激遮断説**）。これに対して，脳の中に覚醒や睡眠を制御する中枢があり，脳は自発的に覚醒したり眠ったりするという考えもあり，こうした論争の中で様々な実験が行われた。1950年代，マグーンとモルッチはネコの感覚神経路が走行している脳幹外側部を破壊してみたが，ネコは眠らなかった。そこで，次に感覚神経路の通っていない脳幹中心部（網様体）を破壊すると，ネコは昏睡状態に陥った。彼らは脳幹網様体から大脳皮質全域に投射する神経経路が覚醒を支えていると考え，このシステムを**脳幹網様体賦活系**と名づけた（図8-4）。

ノンレム睡眠の機構　　睡眠のきっかけになるのは，生体内で生成される各種の**睡眠誘発物質**や**生体時計**であると考えられている。これらの働きによって視床下部前部の神経細胞が活動し，脳幹網様体賦活系の活動が抑制される。一方，間脳にあって様々な感覚入力を大脳皮質に送る視床の周囲を取り囲む網様核の神経細胞の活動水準が高まる。視床網様核の神経細胞は神経活動を抑制するGABA作動性ニューロンであるため，その活動水準が高まると大脳皮質と視床を結ぶ神経経路の活動が抑制される。こうして次第に覚醒水準が低下する。覚醒水準の低下につれて脳波が同期化し，徐波化してくるのは，視床の神経活動が低下し，大脳皮質の神経活動も低下してきたことを反映していると考えられる。

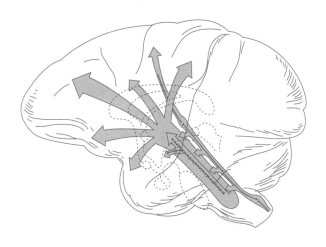

図 8-4　**脳幹網様体賦活系**（Magoun, 1954 ; 二木, 1984）

レム睡眠の機構　マグーンの研究室に留学していたフランスのジュヴェは，ヒト以外の動物にもレム睡眠が存在することを証明し，その神経機構について精力的な研究を行った。1970年代には脳幹に存在するセロトニン作動性神経の起始核である**縫線核**と，ノルアドレナリン作動性神経の起始核である**青斑核**がお互いの活動を抑制し合ってノンレム睡眠とレム睡眠の発現を調節していると考えられた（**モノアミン仮説**）。ところがその後，この仮説に合わない事実がいろいろ報告されてきた。

今日では，レム睡眠には少なくとも3つの発現機構が関わっているとされている。一つは，脳を覚醒させる機構で，これは通常の覚醒機構と変わらない。もう一つはレム睡眠に特異的な神経活動を起こす機構である。脳幹の橋吻側部（吻側とは口に近い側，すなわち前側のことである）にある外背側被蓋核や脚橋被蓋核には，レム睡眠中に持続的に活動が増大する神経細胞群（**PS-on細胞**）がある（PSは逆説睡眠 paradoxical sleep の略）。また，この近傍には**PS-off**細胞群があり，覚醒中は活動しているがレム睡眠中には活動を停止する。3つ目はレム睡眠中に間欠的に活動し，急速な眼球運動を起こす細胞群である。急速眼球運動中には橋網様体，外側膝状体，および第1次視覚野から特徴的な脳波が記録され，これを**PGOスパイク**と呼ぶところから，この神経細胞群を**PGO細胞**という（以上をまとめたものを図8-5に示す）。

なお，レム睡眠中に筋肉が脱力するのは，青斑核の活動に関係しているらしい。また，夢が情緒的な色彩を帯びることが多いのは，このときに海馬や扁桃体が活動しているからではないかと考えられている。

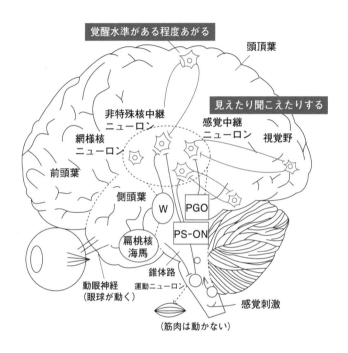

図 8-5　レム睡眠発現の機構（北浜, 2000）

概日リズム　　ヒトも含めて多くの動物の活動はおよそ１日の周期を持つ。このリズムを**概日リズム**（サーカディアン・リズム）という。概日リズムは太陽の光で制御されている。ヒトも含めて動物は昼夜の変化を感じられない環境での生活を続けると，活動のリズムは保っているが，活動開始のタイミングが少しずつ遅くなる。この状態を**フリーラン**の状態という。フリーランのリズムは光を短時間当てるだけで回復する。この手続きを**エントレインメント**と呼ぶ（図8-6）。

　目から入った光は**視交叉上核**を経由して松果体に届き，各種のホルモンを分泌して概日リズムを作り出す（図8-7）。視交叉上核は小さな神経核であるがその構造は複雑で，生体から切り出した培養系でも概日振動を示すことから，概日リズムの最高位の中枢と考えられている。視交叉上核には**時計遺伝子**（p.165 Topic参照）が発現している。松果体は**メラトニン**というホルモンを分泌する。メラトニンは神経伝達物質のセロトニンから作られるが，夜間の分泌量が高く，昼間は少ない。メラトニンの生体内機能にはまだ十分解明されていない点も多いが，性腺の活動を抑制する作用などが知られている。

概日リズムと生理機能　　概日リズムを持つのは活動性だけではない。例えば私たちの体温は朝が最も低く，午後は夕方にかけて上昇し，夜に向かうと低下する。肝臓の代謝機能にも概日リズムがあり，血糖値は朝食後よりも夕食後の方が上昇しやすい（加藤ら，2011）。多くの臓器が概日リズムの影響を受ける理由は，上述の時計遺伝子が視交叉上核以外にも発現しているからである。ただし，いろいろな臓器の時計遺伝子の活動をまとめているのは視交叉上核の役割と考えられている（Mohawk et al., 2012）。

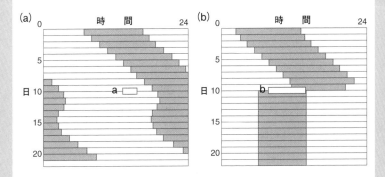

図 8-6　イエスズメの活動周期（伊藤, 1982）

フリーランの状態（全暗黒）では網掛けで示す活動期の開始が徐々に遅くなる。(a) 短時間光を当てると活動開始時刻のズレは回復する。(b) 一定の時刻に光を当てると活動開始の遅延は生じない。

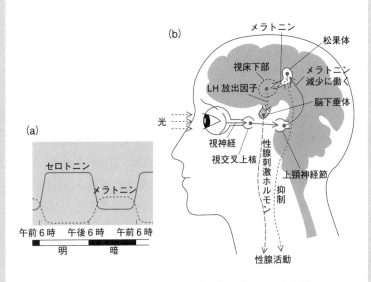

図 8-7　光によるリズムの調節を作り出している機構
（伊藤, 1982）

● 睡眠の臨床

睡眠障害と健康　十分な睡眠をとることができないと様々な疾患の罹病リスクが高まり，生命予後にも影響する。睡眠障害への適切な対処は生活の質（QOL）の向上に重要である。

　睡眠障害には大きく分けて**不眠，過眠，睡眠随伴症，概日リズム性障害**の4種がある。全国の総合病院の新患外来患者 6,466 人を対象に行われた睡眠障害の実態調査によると，長期不眠を訴える人の割合は加齢とともに増加し，40 代では 10% 程度であるが 80 代になると 20% 近くになる。一方，日中の眠気を訴える人は 10 代に多いがその後漸減する。しかし 80 歳以上になると増加する（図 8-8）。

不　眠　不眠の発症機構としては，ストレスや不安などによって情動系が過剰に活動し，覚醒系が刺激される機構（図 8-9 左）と，痛みやかゆみ，騒音や光のような感覚刺激が覚醒系を刺激する機構（図 8-9 右）が想定されている。不眠は様々な心身の症状と関連している。入眠困難や中途覚醒と関連する主な心身の症状として，腰痛，心窩部（みぞおち）痛，体重減少，頭痛，疲労，心配，いらいら，興味の喪失があり，不眠に併存する疾患として，高血圧症，心疾患，糖尿病，筋骨格系疾患，胃・十二指腸潰瘍がある（土井，2012）。高齢者の不眠には特別な考慮が必要と考えられる。高齢者には長期不眠を訴える人が多いが，前述のように加齢に伴ってレム睡眠の割合が減少し，これが不眠感の一因になっていることが考えられる。また，前立腺肥大や膀胱機能の加齢変化によって夜間の排尿回数も増える。不眠の原因をさぐるためには，心身両面にわたる綿密な検討が必要である。

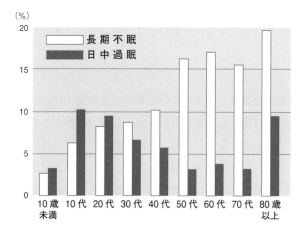

図 8-8 　睡眠障害の実態調査に基づいて長期不眠と日中過眠を訴える人々の
　　　　割合を示したもの（林, 2002）
対象は全国の総合病院の新患外来患者 6,466 人。

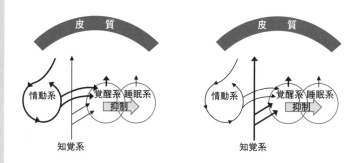

図 8-9 　不眠の発生機構 （Nicholson & Marks；村崎, 2001）
左右で同じ図のように見えるが，太線の部分をよく見るとストレスや不安に
よる不眠には情動系 （左），痛みやかゆみ，騒音などによる不眠には知覚系
（右）が関与していることがわかる。

概日リズム障害　　血糖値，体温，免疫機能など，いろいろな生体機能はそれぞれ固有のリズムを持っており，それらは主として視交叉上核にある**マスタークロック**（親時計）によって統御されている。しかし，ヒトのマスタークロック機能は弱く，昼行性動物としての本来の行動パターンからかなり逸脱したライフスタイルでも生活を維持できる。この逸脱は夜間勤務や時差のある地域に飛行機で移動したときなどにも起こり，一時的なものであればほどなく適応できる。しかし，外因が特定できない場合にも起こり，日常生活に支障を来す場合もある。これを**概日リズム障害**という。概日リズム障害には極端な早寝早起きになってしまう**睡眠相前進症候群**，その逆の**睡眠相後退症候群**，睡眠時間帯が毎日30分から1時間遅れて，ついには昼夜逆転になってしまう**非同調（フリーラン）型**，リズムが不規則になり1日に3回以上の睡眠時間帯が現れる**不規則型**がある（肥田・三島，2011）。前進症候群は遺伝の要素が多いと考えられ，**時計遺伝子**の関与が研究されている。

内的脱同調　　睡眠−覚醒のリズムと体内の各種生理機能のリズムとの間に乖離が生じている状態を**内的脱同調**という。内的脱同調は，ストレスホルモンの分泌や各種の遺伝子発現の日内リズム，安静時心拍数，気分の安定性などに問題を引き起こし，こうした問題を介して身体的不活発，労働能力低下，肥満，抑うつなどの健康リスクの誘因となる（三島，2019）。慢性的に内的脱同調の状態にある人には光によるエントレインメントが有効な可能性がある。概日リズム障害の診断基準を満たす不登校の小児（小学校1年〜中学校3年）に対する高照度光照射療法が有効であったという報告もある（井上ら，2022）。

Topic　時計遺伝子

　1984 年，概日リズムの異常を示すショウジョウバエから時計遺伝子 *dper* が単離された。1994 年から 97 年にかけて，哺乳類で時計遺伝子 *clock* や *dper* と共通の先祖に由来すると考えられる *Per* 遺伝子群などが発見され，概日リズムの調節機構が明らかになってきた。その概略を述べると，CLOCK と名づけられたタンパク質と BMAL1 と名づけられたタンパク質が *Per* 遺伝子の上流にある「E-Box」という特殊な塩基配列に結合する。これによって *Per* 遺伝子の転写が活性化され，数時間遅れで PER タンパク質が合成される。PER は CRY と呼ばれるタンパク質と結合して核内に入り，CLOCK/BMAL1 の転写活性化作用を阻害する。その結果 *Per* 遺伝子の発現が減少し，PER タンパク質も減ってくるので，再び CLOCK/BMAL1 の転写活性化作用が活発になる。つまりアクセルがブレーキを生産しているようなもので，アクセルが活性化されるとブレーキが強くなり，結果的にアクセルの力が弱まる。そうするとブレーキの力も弱まるので，再びアクセルの力が強まる。以下その繰り返し，という振り子的な運動が繰り返されてリズムを生んでいるのである。

睡眠時無呼吸症候群　近年，睡眠に関連した臨床問題の中で呼吸関連睡眠障害，中でも**睡眠時無呼吸症候群**が注目されている。正確な診断は難しいが，日本呼吸器学会では，いびき，眠気，疲労感，不眠の症状などに加えて，1時間あたりの無呼吸と低呼吸を合わせた回数が5回以上である場合に睡眠時無呼吸症候群と診断している。日本では成人男性の約5%，女性の約2〜3%に認められるという（日本呼吸器学会，2020）。

睡眠時無呼吸症候群の発生に関与する因子として，上気道（鼻から喉まで）が解剖学的に狭いこと，上気道を開く筋肉の力が弱いこと，呼吸が不安定であること，覚醒しやすいことが挙げられる（図8-10）（中山，2020）。睡眠時無呼吸症候群の治療には経鼻的持続陽圧呼吸療法（Continuous Positive Airway Pressure：CPAP）と呼ばれる方法が用いられることが多い。これは図8-11のような鼻マスクを着けて就寝し，このマスクから上気道に空気を送り込む方法である（村田，2007）。

睡眠時無呼吸症候群は精神症状を伴う場合も多く，抑うつ気分との関連や不眠あるいは過眠に特徴的なパーソナリティ特性が検討されてきた。今日では，とくに治療脱落例や拒否例には精神医学・社会心理学的な背景を考慮したアプローチが必要であるとされている（林田ら，2004）。また，小児の睡眠時無呼吸症候群では学力低下や多動性・攻撃性といった認知・行動面の問題が生じやすいとされており（加藤，2010），内科的疾患とはいえ心理的な支援の必要性もある。

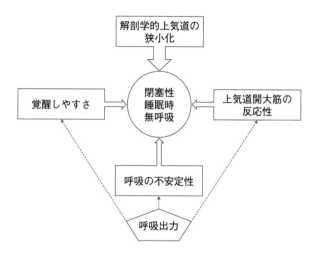

図 8-10　閉塞性（上気道閉塞による）睡眠時無呼吸症候群の発生に関与する因子（中山, 2020）

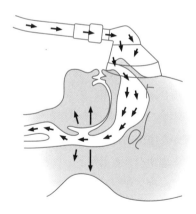

図 8-11　CPAP 療法（村田, 2007）

睡眠障害の治療　睡眠に関連した心身の問題は多岐にわたるため，まずは丁寧なアセスメントが必要である。不眠を例にとっても，痛みなどの身体的要因，騒音や振動などの環境要因，不安や抑うつなどの精神的要因を総合的に検討しなければならない。

「寝つきをよくする」あるいは「朝まで目覚めず眠ることができる」ことをうたう薬物やサプリメントは多いが，化学物質に頼ることにはリスクもある。たとえば，アルコールは眠気を誘うが，レム睡眠を減少させ，発現周期を不規則にするため熟睡感は得られない。アレルギーに用いられるヒスタミンH1受容体拮抗薬は副作用として眠気を起こすが，耐性（反復して使用すると効果が減弱し，初期と同等の効果を得るには増量を必要とする）などの問題があり，不眠治療の目的には用いられない。現在，一般的に用いられる睡眠薬にはGABA系の神経機能を強めるベンゾジアゼピン系化合物が多い。この種の薬物は，毒性発現量という点で考えれば比較的安全といえる。しかしながら一過性の記憶障害や錯乱といった精神的な副作用が出る場合もあり，長期間使用すると依存状態となり，減量したり中止したりすることが困難になる。ただし，一口に依存状態と言っても，不安やうつ状態といった原疾患の治療が不十分な場合，長期使用に伴う離脱症状について情報提供が必要な場合，薬物に対する渇望感が存在する場合といったタイプがあり，きめ細かな臨床的対応が必要とされる（稲田，2016）。

治療にあたって考慮すべき要因が多いこともあって，日本睡眠学会では図8-12に示すような不眠治療アルゴリズムを含むガイドラインを作成している（三島，2014）。この図に示すように心理療法（認知行動療法）の役割が重視されており，健康な睡眠の確保に向けて心理学の果たす役割は大きい。

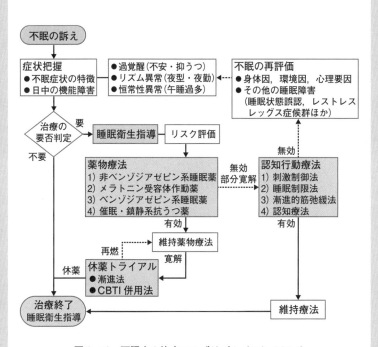

図 8-12　不眠症の治療アルゴリズム（三島，2014）

◉ ◉ ◉ ◉ 参考図書

北浜 邦夫（2009）．脳と睡眠　朝倉書店

　著者は心理学出身でジュヴェのもとに留学し，フランスで長年にわたって睡眠の生理学的研究に携わってきた。本書は睡眠・覚醒の系統発生から睡眠物質，脳の部位別に睡眠・覚醒に果たす役割，生体時計，レム睡眠のメカニズム，睡眠の発達（個体発生）など，網羅的・体系的に睡眠の機構が解説されている。睡眠の生理心理について深く知るには好適な書籍である。

ホブソン，A.　冬樹 純子（訳）（2003）．夢の科学──そのとき脳は
　　　何をしているのか？──　講談社

　心理学を学び，睡眠に興味を持つ人は，夢の精神分析学的な解釈について考えたことがあるだろう。本書の著者ホブソンは長年睡眠と夢の神経生理学的研究に取り組んできた。彼によれば夢は確かに何かの機能を果たしている。それはフロイトの考えたようなものなのだろうか？　ここではその答えは言わない。この本を読んで考えてもらいたい。

西野 精治（2020）．睡眠障害──現代の国民病を科学の力で克服す
　　　る──　角川書店

　睡眠障害について科学的な見識を持つことは現代人に必須の素養の一つといえる。本書は新書ながら睡眠障害の概論と対処が手際よく解説されている。著者は第7章で紹介した櫻井教授とは独立にオレキシンを発見した精神科医・神経科学者である。異なるアプローチで同じ発見に至った経緯が述べられていて興味深い。

脳 と 意 識

　意識という言葉は実に多様な意味を持つ。単に覚醒して
いることを「意識がある」と言う場合もあり，「意識して」
何かをする，などと言う場合は自己や周囲の状況を自覚的
に認識しているという意味である。意識的な精神活動は心
理学の主要な研究テーマの一つである。

　本章では，意識研究を進展させた非侵襲的脳機能測定法
について学び，意識と関連の深い前頭連合野の機能や，意
識にのぼらない精神活動，意識と自我といった問題に話を
進める。

● 意識の研究

心理学と意識　　実験心理学の歴史は意識の研究から始まった。感覚刺激の物理的な強さと，意識的に感じる強さとの関係を定式化した**精神物理学**がその出発点である。けれども，**精神分析学**による無意識の臨床的意義の発見や，科学的心理学の研究対象を客観的に観察可能な刺激と反応に限った**行動主義**の台頭によって，意識の研究は心理学から遠ざけられた時期があった。**認知科学**の伸展と**非侵襲的脳機能測定法**の進歩によって，意識は再び主要な研究領域になりつつある。

3種類の意識　　意識は3つの水準を持つ階層構造をなしていると考えられている。まず最も基本的な水準には，睡眠－覚醒レベルでの「覚醒している」という状態がある。その上は「刺激と反応」の水準で，ここでいう意識は刺激を受け入れて能動的かつ志向的に行動するという意味の意識（**アウェアネス**）である。最上位に想定されているのは「自分の意識を対象とする意識」で，**リカーシブ（再帰的）な意識**という。リカーシブな意識は臨床心理学的な自己意識とも関連がある（図9-1）（苧阪，2012）。

意識研究の対象領域　　脳と意識の研究には，**表9-1**に示すようにいくつかの領域で多岐にわたる研究課題がある（苧阪，1997）。よく知られているように，知覚や記憶は古くから実験心理学の主要な研究対象であった。その研究には脳損傷の事例や動物を用いた実験が大きな役割を果たしてきたが，次節で述べる非侵襲的脳機能測定法の進歩によって近年大きな発展があった。プランニングは意識が能動的に行動を制御するメカニズムの一つとして重要である。生理心理学の立場からは睡眠や「その他」に分類されている領域にも重要な研究課題がある。

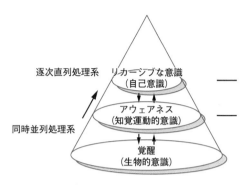

図 9-1 意識の 3 つの水準 (苧阪, 2012)

表 9-1 意識研究の領域 (苧阪, 1997)

知　覚	知覚，注意，選択的注意，運動，脳のバインディング問題，心的イメージ，閾下知覚，ブラインドサイト，自動性，内観の言語報告，半側空間無視，感覚・運動モジュール
記　憶	ワーキングメモリ，短期記憶，潜在記憶，容量限界，プライミング，記憶増進，エピソード記憶，記憶リハーサル，手続き的記憶
プランニング	自己制御，意図，技能，心的努力，目標志向行動，プランニング，意志決定，問題解決，主観的時間
睡　眠	睡眠，夢と覚醒，昏睡，催眠，健忘症，放心状態，昏睡状態，麻酔状態
その他	網様体賦活系，前頭前野，視床，皮質活性化，注意のハビチュエーション（慣れ），随伴性陰性電位

脳のバインディング問題とは，様々な感覚モダリティ情報などがどのように 1 つに統合され得るのかという問題である。

非侵襲的脳機能測定法

非侵襲的脳機能測定法とは　生理心理学の研究方法には刺激法，破壊法，分子生物学的方法があるが，これらは刺激法のごく一部を除いてヒトに適用することはできない。記録法の中で生体組織を破壊することなく脳の状態や活動を測定できる方法が，**非侵襲的脳機能測定法**である。以下に代表的な方法について説明する。

脳波　脳波の発生源は，主として大脳皮質の錐体細胞のシナプス後電位である。この細胞は視床から入力を受けており，視床のニューロン群は律動的なリズムを持った活動をする。その活動電位が大脳皮質錐体細胞に伝えられ，錐体細胞のシナプス後電位に律動が生じる。その細胞外電場が同期的に加重されたものが脳波のリズムである（飛松，2014）。脳波の計測法には国際的な標準がある（図9-2）。てんかん，脳血管障害，頭部外傷などで異常脳波が発生することから，脳波は臨床診断のツールとしても重要である。また，自発脳波ばかりでなく刺激によって誘発される脳波（**誘発電位**）は，認知心理学や臨床心理学の重要な研究法である。1回の刺激で誘発される電位変化は非常に小さくノイズを含んでいるが，何度も加算することによって不規則なノイズは相殺されて特徴的な反応潜時を持った電位変化が記録できる。

脳磁図（MEG）　脳磁図（MEG）は，神経活動に伴う電流によって生じる磁場を検出する方法である。信号が頭蓋骨や逃避を通過する際のゆがみが少なく，活動部位が定位できる利点があり，時間分解能も良い。ただし，大がかりな設備を必要とする。

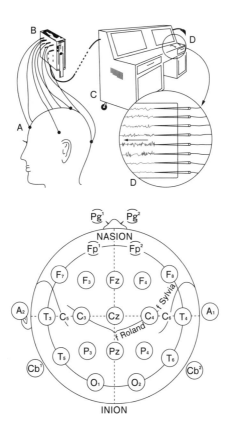

図 9-2　脳波の測定原理と国際 10/20 法による電極位置（藤澤, 1998）
頭皮上に配した電極（A）から電気信号を検出する。信号は測定室内の電極
箱（B）を経由し，測定室外の脳波計（C）に導かれる。横軸が時間，縦軸
が電位変化として波形が記録される（D）。電極の配置法として広く用いられ
ている国際 10/20 法は，カナダのジャスパーらによって 1958 年に提唱され
たものである。

MRI MRIでは，体の組織に含まれる陽子（プロトン）の旋回（スピン）方向を操作し，脳組織のコントラストを検出する。脳に強い磁場をかけるとプロトンのスピン方向が同一になる。そこに電磁波を与えてスピンの方向を変える。電磁波を切るとその方向が元に戻り，戻る時間が組織の水分含量によって異なる。このときエネルギーが放出され，そのエネルギーを信号として受信することができる。この信号の強さが組織ごとに異なるので，脳の画像が得られる。

fMRI MRI を脳機能の測定に用いたものが機能的核磁気共鳴画像（functional MRI : fMRI）である。fMRI は酸素を含んだヘモグロビン（酸化ヘモグロビン）と含まないヘモグロビン（脱酸化ヘモグロビン）とで，周囲のプロトンの核磁気共鳴信号に与える影響が異なる現象（BOLD 効果）を利用している。神経細胞が活動すると，その周囲の血中の酸化ヘモグロビンと脱酸化ヘモグロビンの比率が変化する。fMRI が実際に測定しているのは血流の変化であり，実際の神経細胞の活動からは数秒の遅れがあると考えられる。

NIRS 近赤外線スペクトロスコピー（NIRS）は，生体に波長が 800nm ほどの赤外線（近赤外線）を照射し，反射してきた光を計測する（図 9-3）。近赤外線は人体組織を通り抜けるが，ヘモグロビンには吸収される。神経活動が活発な部位では血流が増加し，ヘモグロビン濃度が上昇する。NIRS も fMRI と同じく血流の変化を利用した脳機能の測定法である。脳の深い部位の活動はわからないが，測定が簡便なこともあって，心理実験における利用が期待されている。

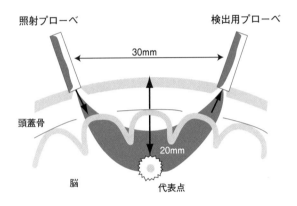

図 9-3　NIRS の計測原理 (渡辺, 2002)

可視光の赤色より波長が長く，遠赤外線よりも長い 780〜1,400nm の波長を持つ近赤外線は頭皮や頭蓋骨をかなり透過する。測定には 780nm と 830nm の 2 種類の近赤外光を照射プローベから照射し，約 30mm 離れた位置に配した検出用プローベで反射してきた近赤外光を測定する。近赤外光はヘモグロビンで吸収されるため，大脳皮質でのヘモグロビン濃度の変化を測定することができる。

PET　　PET は Positron Emission Tomography の略で，陽電子放出断層撮影と呼ばれる。通常の電子とは異なり，正の電荷を持つ電子（陽電子）を含んだ放射性同位元素で標識をつけた化学物質を体内に投与する。陽電子は体内に存在する負の電荷を持った電子と引き合い，結合して消滅する。そのとき 2 本のガンマ線が正反対の方向に放出される（図 9-4）（北村，2010）。これを頭部周囲に配した検出器で検出する。脳血流量，酸素代謝量，ブドウ糖代謝量，神経伝達物質の受容体機能など様々な測定が可能である。ただし，PET に用いられる放射性同位元素は半減期（原子の数が半分に減少するまでの時間）が短いので，測定直前に合成する必要があるため，サイクロトロン（電磁石によってイオンを加速する装置）が必要である。近年では小型化されたサイクロトロンが利用されている。

SPECT　　PET と同じく放射線同位元素を用いるが，一方向の放射線を放出する源を用いた検査法として SPECT（Single Photon Emission Computed Tomography：単一光子放射断層撮影法）がある。SPECT に用いる放射性同位元素は PET に用いるものよりも半減期が長くてよいため，ヨウ素やチタンなど様々な物質が使える。これによって診断や研究の応用範囲が広がっている。また，PET ほど大がかりな装置を必要としないので，SPECT を利用した臨床診断はかなり普及している。臨床的には，脳の血流を測定することによって，各種の神経疾患の診断に使われている。研究目的には，薬物の作用点や体内動態を調べるために利用されている。

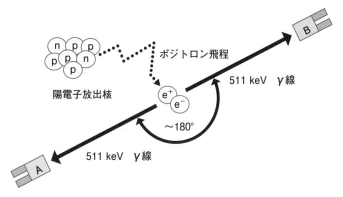

図 9-4　**PET 検出の原理**（北村, 2010）
keV（キロ電子ボルト）はエネルギーの単位。

● 前頭連合野の機能

前頭連合野とは　　大脳皮質の中で運動野にも感覚野にも属さない部位を連合野という。その中でも前頭葉の連合野（**前頭連合野または前頭前部という**）はヒトで最も発達した部位で，全大脳皮質に占める割合はヒト 29％，チンパンジー17％，テナガザル・アカゲザル 11.5％，キツネザル 8.5％，イヌ 7％，ネコ 3.5％である（二木，1985）。前頭連合野の成熟は遅く，老化は早い。前頭連合野は機能的階層性を持っており，外側部が認知および遂行機能/実行機能，内側部が他者の視点に立つ「**心の理論**」や社会性機能，腹側部が情動や動機づけに関わっているとされる（図9-5）（渡邊，2016）。

ワーキングメモリ　　読字・問題解決・学習などの意識的な精神活動を行うためには，遂行中の課題の情報を利用可能な形で一時的に保存しておく記憶が必要である。このような記憶を**ワーキングメモリ（作業記憶）**と呼ぶ。ブロードマンの脳地図で 46 野を中心とする前頭連合野がワーキングメモリに重要とされている。

遂行機能/実行機能　　感覚情報の処理，運動の制御，記憶の検索などの複数の機能を総合し，協調的に働かせる仕組みを**遂行機能/実行機能**という。この機能には前頭連合野から他の皮質領域に向けて発せられるトップダウンの信号が重要な役割を果たしている。たとえば，多くの感覚情報の中から目標とすべき情報を選択する注意の制御，長期記憶の中から想起すべき情報を選択する記憶の制御，複数の課題を同時に遂行する場合に既存の情報処理系をそれぞれの課題に割り振るマネージメント機能などに，トップダウンの信号による遂行機能/実行機能の制御が必要である（船橋，2015）。

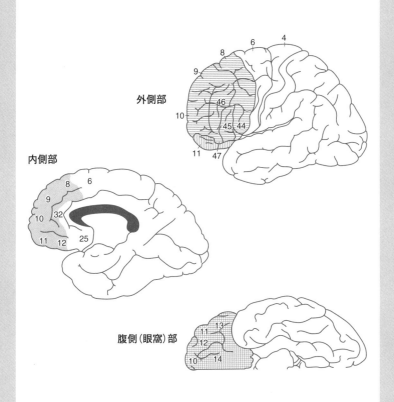

外側部

内側部

腹側（眼窩）部

図9-5　ヒトの前頭連合野の位置（渡邊, 2016）
図中の数字はブロードマンの領野名である。

● 潜在的認知

意識にのぼらない認知　意識は行動を制御するが，制御に先立つ態度の決定や好みの判定などには意識にのぼらない潜在的な認知過程が重要な役割を果たしている。たとえば，2人の顔写真を提示してどちらが好きかを尋ねると，「こちらが好き」という意識的な判断をする約0.5秒前から「これから好きと判定するほう」に向けて視線が動き，その頻度は判断時点に近づくにつれて加速度的に増加する（Shimojo et al., 2003）。つまり，意識的な認知過程はそれに先立つ潜在的な行為を「後づけで」意味づけている可能性がある。たとえば，意図と結果の食い違いを感知できない「選択盲（choice blindness）」という現象がある。このとき，私たちの意識は結果に合わせた合理的な説明を「創作」するという（Johansson et al., 2005）。

意思決定と意識　私たちは，日常生活のあらゆる場面で複数の選択肢の中から1つを選び取る意思決定を迫られる。意思決定は強化学習に基づいてなされるがそればかりではない。1つの選択肢は様々な過去の強化経験を想起させ，それらがお互いに競合することもある。しかも複数の選択肢がある場合には，強化学習だけで選択行動を説明するのは難しい。このような場合の意思決定は様々な事象間の連合関係をつなぎ合わせた構造を持ち，しかもその関係が状況に応じて変わる「モデル」に基づいて行われる。強化学習に支えられた意思決定を**モデルフリーシステム**，モデルに基づく意思決定を**モデルベースシステム**と呼ぶ。モデルフリーシステムには脳の報酬系の関与が大きいが，モデルベースシステムは前頭連合野の活動に支えられている（坂上，2009）。

　1983 年にリベットが発表した実験は，意識と自由意志を
めぐる論議を引き起こした（Libet et al., 1983）。実験参加者
は脳波計の電極を頭部に装着され，光点が回るタイマーの
ようなものを見ている。任意の時点で指を曲げたり手首を
曲げたりといった簡単な動作を行う。その動作を「やろう」
と思ったときに光点がどこにあったかを報告する，ただそ
れだけの実験である（図 9-6）。この実験で見つかったこと
は，「やろう」と思う 0.2 秒前に 2 次運動野に「運動準備電
位」と呼ばれる脳波の変化が起こったことだった。この地
味な発見は，まず意志が起こり，それが運動を司る脳領域
に伝えられて実際の動作が起こるという常識をひっくり返
した。この実験の意義はこれからも論じられることだろう。

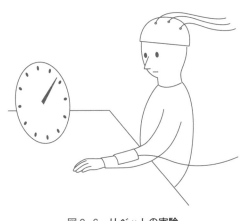

図 9-6　リベットの実験

● 意識と自我

自己像と脳　　自分自身に関するリカーシブ（再帰的）な意識は，自己同一性の基盤であると考えられる。では，ある種の自己像は脳の中でどのように表現されているのだろうか？　この問いに対する明確な答えは得られていないが，**内側前頭前野**が重要な役割を果たしている可能性がある（Levorsen et al., 2023）。この実験では心理学でよく使われる 20 答法（「私は…である」という問いに答える）を応用し，ある言葉が「自分に関することか」，その比較対照として「友人に関することか」「名詞かどうか」を判定するときの脳活動を fMRI で計測した。その結果，実験参加者の自己概念にとって重要な単語に対しては内側前頭前野の活発な活動がみられた。ただし，内側前頭前野は他者の行動から学ぶときに活発に活動するという動物実験の報告もある（Ninomiya et al., 2020）。そうすると，自己像は他者を参照して形成されるのかもしれない。自己像の神経基盤の探究は，これからの発展が期待できる課題といえよう。

デフォルトモードネットワーク（DMN）　　DMN は fMRI の研究中に偶然発見された神経回路で，実験参加者が閉眼して安静状態にあるときに活動し，何かの課題を実行しているときには活動が抑制される（Fair et al., 2008）。DMN は単一の神経回路ではなく，感覚モダリティにほぼ対応する形で脳のいくつかの領域に分散して存在している。DMN は「とくに何もしていないとき」に活動する神経回路であることから，「私」という人格の基盤に関連しているのではないかと考えられている（Immordino-Yang et al., 2012）。

Topic　ラバーハンド錯覚

　私たちは「自分は自分」という意識を持つが，その「自分」の境界線は私たちの想像以上にあいまいなのかもしれない。それを示す一つの事実が**ラバーハンド錯覚**（イリュージョン）である。**図9-7**のように，自分の手に並べてゴム製の「偽物の手」を置く。筆のようなもので両者を同時になで続けると，時折自分の手のほうには触れず，ゴムの手だけをなでても，自分の手がなでられたように感じる（Botvinick & Cohen, 1998）。この錯覚には，感覚刺激を統合する頭頂葉から運動前野に至る経路が関与していると考えられ（Golaszewski et al., 2021），臨床的な自我障害との関連も検討されている（上倉ら，2020）。

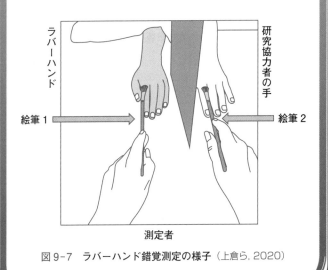

図9-7　ラバーハンド錯覚測定の様子（上倉ら，2020）

● ● ● 参考図書

苧阪 直行（編）（1997）．脳と意識　朝倉書店

　意識に対する生理心理学的アプローチを真正面から取り上げた成書は少ない．若干古い本になったが，その点で本書は古典的な価値を持つ．意識研究の知見が学際的な立場から包括的にまとめられている．その中では注意のメカニズムに比較的力点がおかれている．入手が困難かもしれないので，そのときは図書館で手に取っていただきたい．

リベット，B.　下條 信輔・安納 令奈（訳）（2021）．マインド・タ
　　イム──脳と意識の時間──　岩波書店

　p.183 の Topic でふれた単純な実験が成書になり，ついには文庫本になった．ぜひ手に取って，あの事実からどれだけの考察が生まれるのかを追体験してほしい．コンピュータの自我，自我同一性，死後の世界など興味深い論題が豊富にある．デカルトとの架空対話は本当に面白い．

嶋田 総太郎（2019）．脳のなかの自己と他者──身体性・社会性の
　　認知脳科学と哲学──　共立出版

　意識の問題は「自己とは何か？」という問いに行き着く．本書ではこの論題に詳しくふれることはできなかった．しかしこの論題は今日の認知神経科学においてホットなトピックの一つである．「自己とは何か」を考えるときの重要な鍵が「他者」である．本書はこの課題を神経科学，臨床例，さらにはメルロ=ポンティやブーバーらの哲学との対比などに基づいて解き明かそうとしている．

発達と脳 10

　人間が生まれてから死に至るまでの変化が発達である。発達障害や，認知症の心理的支援を考える際には，脳の発達的変化や加齢変化，脳と疾患や障害との関係を理解することが必要である。本章では，小児期の脳の定型発達について学び，その後，ASD や ADHD と脳の構造や機能の関連について考える。また，高齢者の脳と認知機能について知り，認知症の特徴や心理的支援についても考えることとする。

● 脳 の 発 達

　ヒトの発達を理解するためには，脳の発達を知る必要がある。脳の発生は受精後，外胚葉から神経管が形成されることから始まる。細胞分裂を繰り返しながらニューロン（神経細胞）とグリア細胞に分化し，ニューロンは生まれた場所から脳を構成する定位置に移動する。ニューロンは軸索を伸長し，次々にシナプスを形成していくが，脳の成長に伴い過形成された不要なシナプスが刈り込まれる**シナプスの刈り込み**（Edelman, 1993）という再編成が生じることが知られている。シナプスの刈り込みが行われるために環境との能動的な相互作用すなわち経験をする適切な時期は決まっており，これを**臨界期**と呼ぶ。こうしたシナプスの刈り込みは脳の領域によって異なり，ヒトの第1次視覚野のシナプス密度は生後2カ月から急速に増加しはじめ，生後8カ月でピークに達するがその後減少する（Huttenlocher, 1990）。シナプスの刈り込みの時期と類似して，脳の灰白質の体積は，第1次運動野や第1次感覚野は学齢前に，前頭前野や側頭葉後部では思春期にピークを迎えその後減少する（Gogtay et al., 2004）（図10-1）。また，脳の発達には軸索の**髄鞘化**も関係している（第1章参照）。感覚野の髄鞘化は生後数カ月で生じ，その後運動野の髄鞘化が進むが，前頭前野の髄鞘化は思春期も継続する。こうしたことから，脳は第1次感覚野，第1次運動野から成熟が始まり，前方後方に成熟が進んで最終的に前頭前野が成熟することで完成すると考えられる。ヒトの発達は，生後視覚，聴覚から始まり，運動が3歳でほぼ完成するのに対し，前頭葉の機能を使用する判断力や抑制力が思春期を過ぎてはじめて成人同様になるのは，こうした脳の領域による成長時期の違いが関係している。

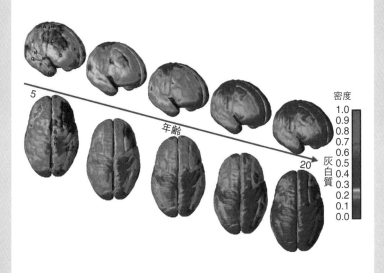

図 10-1　ヒトの幼児期から思春期にかけての大脳皮質の発達的変化
（Gogtay et al., 2004 を改変）

● ADHD と脳

DSM-5 では，脳を含む中枢神経系の問題が発達期から生じている一群を**神経発達症群／神経発達障害群**としている。そのうちの一つである，ADHD（**注意欠如・多動症**）とは，細部を見逃す，注意が持続しない，じっとしていられない，話の終わりや順番を待つことができない，といった発達の水準にそぐわない不注意や多動性および衝動性が継続して存在し，学校や職場，社会生活の妨げとなる状態である（American Psychiatric Association, 2013）。

ADHD の治療薬として認可されている**メチルフェニデート**，アトモキセチン，グアンファシン，リスデキサンフェタミンは，いずれもシナプスでドーパミンやノルアドレナリンの再取り込みを抑制したり，調整したりする効果があることから（**表10-1**），ADHD には神経伝達物質であるドーパミンやノルアドレナリンが関与していると考えられている。ADHD の遺伝的影響因として，こうしたドーパミンやセロトニン関連遺伝子の影響が指摘されるが，非遺伝的影響因として，妊娠時の喫煙や飲酒，周産期のトラブル，有害物質の摂取，養育環境などとの関連も指摘され，ADHD の発現には遺伝的な要因と非遺伝的要因の両方が影響し合うと考えられている（Thapar et al., 2013）。

また，ADHD の症状は，前頭葉や大脳基底核，頭頂葉など注意と関係する脳の機能の低下が関係しており（榊原，2015），ワーキングメモリの低下は ADHD の主要な障害の一つともいわれている。そのため，薬物療法以外の ADHD の治療としては，**ワーキングメモリトレーニング**も有効とされる（Sabou et al., 2012）。

表 10-1　ADHD 治療薬

一般名	商品名	作用機序
メチルフェニデート	コンサータ	ドーパミン，ノルアドレナリン再取り込み抑制
アトモキセチン	ストラテラ	ノルアドレナリン再取り込み抑制
グアンファシン	インチュニブ	α2A アドレナリン受容体（ノルアドレナリン受容体）に作用
リスデキサンフェタミン	ビバンセ	d-アンフェタミンとして作用しドーパミン，ノルアドレナリンの調整

Topic　ワーキングメモリトレーニング

　ワーキングメモリトレーニングには，ワーキングメモリを使うための方略を訓練するストラテジートレーニング（strategy training）と，ワーキングメモリの核となる能力を高めるコアトレーニング（core training）がある。ストラテジートレーニングでは，記憶の符号化や再生に役立つテクニックの獲得に焦点を当てる。コアトレーニングは，ワーキングメモリの容量を増やすことを目的として行われ，N-back 課題などの複数の刺激を使うマルチタスクの課題を反復して実施する。ADHD にはこうしたコアトレーニングが有効とされる（Sabou et al., 2012）。

● ASD と脳

ASD（自閉スペクトラム症）は、神経発達症群／神経発達障害群の一つで、社会的コミュニケーション、対人的相互反応に持続的な欠陥があること、行動、興味または活動の限定された反復的な様式があることを特徴とする症状である。ASDはフラジャイルX症候群や結節性硬化症との関連も報告され、多遺伝子が胎児期の皮質の形成異常やシナプスの機能異常の発現に関与していることが示唆され（de la Torre-Ubieta et al., 2016）（図10-2）、脳全体、前頭側頭葉、小脳の体積増加や扁桃体、海馬、脳梁の大きさの異常も報告されている（Brambilla et al., 2003）。症状との関連でいえば、ASD児は「サリーとアンの課題」（図10-3）で調べられる**心の理論**の獲得が遅れることが知られているが、心の理論に必要な社会的認知に関係する辺縁系、前頭葉、上側頭回等に構造的、機能的問題があることが指摘されている。とりわけ視線認知や表情判断に影響を与える扁桃体や上側頭溝領域、楔状回の機能的低下が報告されている（Pelphrey et al., 2004）。さらに**ミラーニューロン**が存在する場所である下前頭回の構造異常や、機能異常も報告されている。ミラーニューロンは他者動作の模倣や意図理解に関係しており、ASDの社会的コミュニケーションや対人的相互反応に大きく影響しているものと考えられる（榊原、2015；乾、2015）。ADHDやASDなどの神経発達症群は重複して存在することも多く、その行動特徴は家庭生活や学校生活で問題となり、周囲からの評価を下げ、自尊心の低下や自己効力感の低下などの二次障害へとつながりやすい。ADHDやASDの行動特徴にはこうした生理的な要因があることを考え、本人への介入だけでなく環境調整を図ることも重要である。

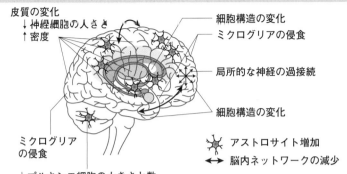

図 10-2　ASD に関与する脳の領域と神経回路
(de la Torre-Ubieta et al., 2016 を改変)

皮質の変化
↓神経細胞の大きさ
↑密度

細胞構造の変化

ミクログリアの侵食

局所的な神経の過接続

細胞構造の変化

ミクログリア
の侵食

↓プルキンエ細胞の大きさと数

アストロサイト増加

脳内ネットワークの減少

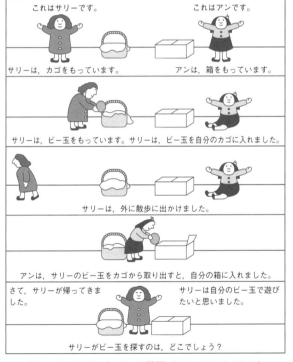

図 10-3　サリーとアンの課題（Frith, 2003 を改変）

● 脳の加齢的変化

脳の加齢による発達的変化として顕著にみられるのは，脳の体積の減少つまり脳の萎縮である。脳の体積の変化では，灰白質の体積は加齢に伴って直線的に減少するが，白質の体積は加齢に伴い急激に減少すること，高齢者では前頭葉や海馬領域の減少が大きいことが知られている（Lockhart et al., 2014）。灰白質の萎縮は，感覚野よりも連合野で顕著であり，神経細胞の変性やシナプス密度の減少を反映していると考えられる。脱髄や軸索の萎縮を要因とする白質の体積の減少は前頭前野において加齢に伴い加速的に生じ，前頭皮質，側頭皮質，前頭葉−線条体回路の白質変化が広範に生じる。前頭皮質は発達の過程では成熟が遅く，加齢により変性しやすい領域である（Fjell et al., 2010）。

こうした構造的な変化は認知機能の変化の要因となる。ヒトの認知機能は，加齢に伴って処理速度が大きく低下し，その他の能力も50代をピークに緩やかに低下する（Schaie, 1994）（図10-4）。前頭葉を含むネットワークの加齢による変化は，ワーキングメモリや抑制，切り替えといった機能や，エピソード記憶に関する機能を低下させる一方，意味記憶は維持され向上することさえある。加齢により，高血圧や血管の変性，アミロイドタンパクの蓄積等に起因する脳血管障害やアルツハイマー病などの発症も増加するため，認知機能の変化は正常な老化だけでなく疾患とも関連している（図10-5）。また，認知機能の低下が正常な範囲を超えた認知症の前段階と考えられる状態を**軽度認知障害**（MCI : Mild Cognitive Impairment）という。しかし，MCIから必ず認知症に進行するわけではなく，疾病の治療等の健康の管理に加え，認知的な刺激や適切な運動を継続することが重要である。

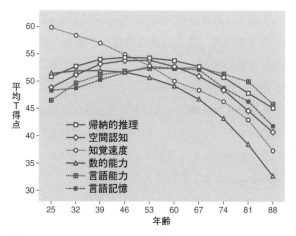

図 10-4　同一コホートでの認知機能の 7 年ごとの変化の予測
（Schaie, 1994 を改変）

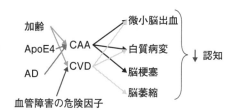

ApoE4：アルツハイマー病感受性遺伝子
AD：アルツハイマー病
CVD：脳血管障害
CAA：脳アミロイドアンギオパチー

図 10-5　認知機能の変化の要因の概要
（Lockhart et al., 2014 を改変）

● 認知症と脳

　DSM-5 において神経認知障害群（Neurocognitive Disorders）の一つに定義される認知症（Major Neurocognitive Disorder）は，1つ以上の認知領域（注意，遂行機能，学習や記憶，言語，知覚—運動，社会的認知）に低下があり，その低下が自立を阻害するものを指す。認知症はその病因によっていくつかの下位分類がある。**アルツハイマー病**は，家族歴または遺伝子検査から遺伝子変異の証拠がある，もしくは，記憶や学習や何らかの認知機能の進行性の低下があるものとされている。アルツハイマー病患者の脳は**図 10-6** に示すようにびまん性の萎縮を示し，リン酸化したタウタンパク（微小管結合タンパク）が蓄積した神経原線維変化や，アミロイド β が沈着した老人斑などの病変が顕著に見られる。アルツハイマー病の主要なリスク因子は年齢であるが，関与する遺伝子も同定されており，コレステロールを輸送するタンパク質であるアポリポプロテイン E4（Apo-E4）はアミロイドの沈着を促進するため，Apo-E4 の対立遺伝子を持つ人は持たない人よりもアルツハイマー病に罹患する確率が高い（Hsiung et al., 2004）。**前頭側頭型認知症**（FTD）は，前頭葉や側頭葉の萎縮を特徴とする認知症である。その診断は，遺伝子変異の証拠がある，もしくは神経画像により前頭葉および側頭葉の関与が考えられるときに確定される。また，**レビー小体型認知症**は，レビー小体が後頭葉を中心とした大脳皮質に沈着することを原因とする。これらの認知症はいずれも進行性疾患である。これに対して**血管性認知症**は，脳血管障害に由来する認知の低下を顕著に認めるものであり，脳血管障害の程度によって症状は様々である。

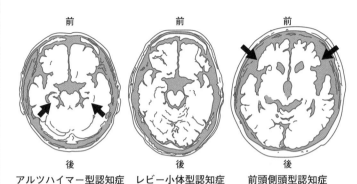

前　　　　前　　　　前

後　　　　後　　　　後

アルツハイマー型認知症　レビー小体型認知症　前頭側頭型認知症

図 10-6　MRI の比較（谷脇，2020 を改変）

Topic　アルツハイマー病の治療薬

　薬物でアルツハイマー病を治療・予防することはなかなか困難であるが，研究は続いている。認知機能にはコリン作動性ニューロンやグルタミン酸作動性ニューロンの関与が大きいことから，ドネペジル，リバスチグミン，ガランタミン，メマンチンといった薬物が認可されている。これらの薬は認知症状の進行を抑制するが，変性した脳組織を復元するものではない。一方，アルツハイマー病の原因と考えられるアミロイド β の蓄積を抑制する薬として 2023 年にレカネマブが認可され，原因療法への道が開けた。タウタンパクも発症との関連が深いことから，現在，その除去を狙った薬の開発も進んでいる。

認知症の症状

認知症の症状は変性する脳の機能によって異なる。アルツハイマー病では，内側側頭葉の萎縮から始まるため，初期よりエピソード記憶の障害が顕著である。海馬の機能不全によりエピソードが定着しないことを原因とする記憶障害であるので，食べたものが思い出せないというよりも食べたことを覚えていないという形で生じる。内側側頭葉の萎縮のために新奇の記憶が定着しなくても，**手続き記憶**は保持されるため手続き記憶の利用が有効である。前頭側頭葉型認知症では前頭葉や側頭葉の萎縮から脱抑制や無気力，常同的行動などの行動症状や，社会的認知，遂行機能の顕著な低下が認められる。レビー小体型認知症では，後頭葉にレビー小体の集積が多いことから虫や人などの幻視が出現し，手足の震えや筋肉のこわばり，緩慢な動作などのパーキンソン病と同様の症状が認められる。こうした進行性の認知症は進行の程度によって症状も変化する。また血管性認知症では，脳血管障害によって損傷された脳の部位に対応した症状が生じる。

認知症の症状は，長谷川式認知症スケール，MMSE-J などのスクリーニング検査や，ADAS-Jcog，CDR などの神経心理学的検査を使用して認知障害の領域や程度を確認する。また，認知症の日常生活に影響を与える BPSD（行動・心理症状）（表10-2）は，脳機能の低下に起因する。暴力や暴言には前頭葉障害による抑制の低下が背景にあり，徘徊には内側側頭葉の萎縮による記憶障害や，判断力，視覚認知力の低下が影響していると考えられる。また，脳の機能低下を原因とする抑うつや不安，睡眠障害なども生じる。認知症には薬物療法だけでなく**表10-3**に示す**非薬物療法**が有効とされている。

表 10-2　BPSD の行動症状と心理症状（高橋, 2011 を改変）

【行動症状】
焦燥，不穏状態
攻撃性（暴行，暴言）
叫声
拒絶
活動障害（徘徊，常同行動，無目的な行動，不適切な行動）
食行動の異常（異食，過食，拒食）
睡眠覚醒障害（不眠，レム睡眠行動異常）
【心理症状】
妄想（物盗られ妄想，被害妄想，嫉妬妄想）
幻覚（幻視，幻聴など）
誤認（ここは自分の家ではない，配偶者が偽物であるなど）
感情面の障害（抑うつ，不安，興奮，アパシーなど）

表 10-3　認知症の非薬物療法（認知症疾患診療ガイドライン, 2017 を改変）

【認知症者への介入】
認知機能訓練，認知刺激，経皮的電気刺激療法，運動療法，音楽療法，回想法，ADL 訓練，マッサージ，レクリエーション療法，光療法，多感覚刺激療法，支持的精神療法，バリデーション療法，鍼治療，経頭蓋磁気刺激法，筋弛緩法など
【介護者への介入】
心理教育，スキル訓練，介護者サポート，ケースマネジメント，レスパイトケア，介護者のセルフケア，認知行動療法など

●●●● 参考図書

榊原 洋一・米田 英嗣（責任編集）（2015）．発達科学ハンドブック 8
　　　脳の発達科学　新曜社

　脳の発達的変化について，脳の発達研究の方法論，知覚，認知，障害ごとに網羅的にまとめられている。

落合 慈之（監修）（2015）．精神神経疾患ビジュアルブック　学研メ
　　　ディカル秀潤社

　認知症の分類や症状がビジュアル的に解説されていて分かりやすい。

黒川 由紀子・扇澤 史子（編）（2018）．認知症の心理アセスメント
　　　はじめの一歩　医学書院

　認知症により障害される認知機能を，神経心理検査を使ってどのように評価して支援につなげるのかについて，系統的に学ぶことができる。場面に応じた評価と報告書の書き方がまとめられていて実践的に使いやすい。

神経心理学

　神経心理学は，脳の損傷の研究を通じて，心の諸機能が脳のどの部位に局在しているのかを明らかにし，心を脳の機能として説明する学問である。高齢化の進む日本では，前章で説明した認知症に加え，高次脳機能障害を有する人の数も増大しており，心理的な支援に神経心理学的な視点を持つことは必要不可欠である。本章では，高次脳機能障害の症状とともに，神経心理検査，認知リハビリテーションについて理解し，臨床活動にも活かせる知識を学ぶ。

● 大脳半球の側性化

　大脳半球は左右２つの構造に分かれ，左右の大脳半球を連絡する脳梁で結ばれている（第１章参照）。脳の機能は左右半球で大きく異なっており，特定の機能が一方の大脳半球に偏って存在していることを**側性化（ラテラリティ）**と呼ぶ。

　失語　　大脳半球の機能の側性化で顕著なのは言語機能である。言語機能の障害が出る**失語症**は多くは左半球の損傷に起因することが知られている。失語症は，発話，理解，復唱，呼称の障害度の組合せによりいくつかの種類に分類することができる（**表11-1**）。フランスの外科医ブローカによって発表された**ブローカ失語（運動失語）**は，左半球のブローカ野を中心とした損傷により生じることが知られ，発話，復唱の不良を特徴とし，理解は比較的よい。精神科医ウェルニッケが発表した**ウェルニッケ失語（感覚失語）**は，左半球の上側頭回後部，頭頂葉に広がる損傷があり，流暢に話すことはできるが錯語や理解障害がある失語症である（**図11-1**）。発話が全く見られず理解も困難である場合は全失語であり，理解に問題はないが喚語困難がみられる場合は健忘失語（失名詞失語）とされる。

　離断脳　　こうした左右半球間の機能差を検討する方法に**離断脳**の研究がある（**図11-2**）。てんかん治療の目的で脳梁切断術を受けた患者は，左右の大脳半球の機能が離断し，左視野に提示されたものを言語で報告できなかった（Gazzaniga & Sperry, 1967）。この実験では，左視野に提示された視覚情報は右半球に入力されるが，その情報は脳梁離断により言語機能が側性化している左半球に伝達されない。そのため，右半球で見たものを左半球の言語を使って表現することができないのである。

表 11-1　**失語症の分類**（二木，1984）

失語のタイプ	発話	症状 理解	復唱	呼称	損傷部位
ブローカ失語	×	○	△	△	ブローカ領域
ウェルニッケ失語	○	×	×	×	ウェルニッケ領域
伝導失語	○	○	×	△	弓状束
全失語	×	×	×	×	ブローカ領域とウェルニッケ領域
超皮質性運動失語	×	○	○	△	分水界領域前方部
超皮質性感覚失語	○	×	○	×	分水界領域後方部
言語野孤立症候群	×	×	○	×	分水界領域全域
失名詞失語	○	○	○	×	中側頭回後部

×：障害，△：軽度の障害，○：正常。

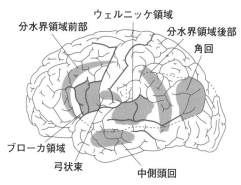

図 11-1　**脳内の言語領域**（Dejerine，1914 を改変）

図 11-2　**ガザニガとスペリーの実験**（Gazzaniga & Sperry，1967 を改変）

● 失認・失行

　脳の局所の損傷により，対応する部分の認知機能の低下が現れることを**巣症状**といい，前述の失語症に加え，失認，失行は巣症状として説明される。

失行　　左半球損傷に関連し，左半球前頭葉後部から頭頂葉の損傷により生じ，麻痺などがないにもかかわらず行為ができない障害を**失行**という。リープマンの古典的分類では，左中心前回に責任病巣があり上肢の拙劣さを症状とする肢節運動失行，左頭頂葉の損傷により生じ動作の模倣や単一の道具の使用に失敗する観念運動失行，左頭頂葉から後頭葉の損傷により生じ，茶筒から茶葉を急須に入れ，急須にお湯を入れ湯呑に注ぐというような，複数の物品の系列的操作が損なわれる観念失行がある（図11-3）。

失認　　視覚や聴覚などの感覚器官に問題はないのにその感覚を認知できなくなることを**失認**という。視覚的に提示されたものを認知できなくなることを**視覚失認**といい，両側後頭葉から側頭葉の損傷により生じる。リッサウエルの古典的分類では，第1次視覚野（第3章参照）以降の形態認知に障害があり模写ができない統覚型失認と，視覚情報と意味に乖離が生じ模写はできるが呼称はできない連合型失認に分類される（図11-4）。それ以外にも聴覚失認，運動失認，相貌失認など様々な認知の障害が存在する。

　最近は，古典的分類で示されてきたような単一の脳の部位が単一の症状に関係するという考えから，認知機能には神経ネットワークの複合的なメカニズムが関与すると解釈されるようになってきている。そのため，失語，失認，失行も，神経ネットワークを考慮してとらえ直す必要があり，こうした認知行為は前頭葉によってコントロールされているという視点も重要である。

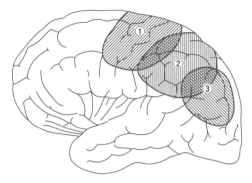

図11-3　リープマンの古典的失行の分類（近藤, 2017を改変）
①が肢節運動失行，②が観念運動失行，③が観念失行に関与するとされる領域。

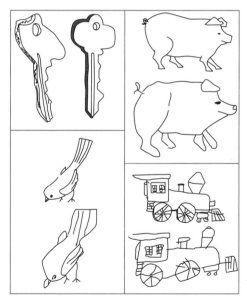

図11-4　連合型視覚失認（Rubens et al., 1971）

● 高次脳機能障害

　脳の損傷により認知機能に障害が生じることを**高次脳機能障害**といい，この障害を有するものを**高次脳機能障害者**という。日本では，高次脳機能障害者への支援の必要性から2001年に開始された高次脳機能障害支援モデル事業により，高次脳機能障害の行政的な診断基準が定められた（**表11-2**）。この診断基準はこれまで支援されてこなかった対象者のための行政的な診断基準であるため，主要症状に失語等の巣症状の記述がなく，除外項目も設けられている。しかし，脳の損傷による認知障害が高次脳機能障害であり，学術的な分類には，前述した巣症状も高次脳機能障害に含まれる。また，先天性疾患や発達障害，進行性疾患に生じる認知障害も高次脳機能障害として理解できる。DSM-5では，高次脳機能障害に相当する認知障害を有する者は，神経認知障害群（Neurocognitive Disorders）であり，小児では神経発達症群（Neurodevelopmental Disorders）である。

　高次脳機能障害には，前述の失語，失認，失行に加えて記憶障害（第4章参照），注意障害，遂行機能障害，社会的行動障害などが含まれる。失語，失認，失行は脳の機能局在との関連が深いが，記憶障害，注意障害，遂行機能障害，社会的行動障害は，前頭葉を含む脳の全般的なネットワークを考えることが必要である。高次脳機能障害は，意欲やエネルギーがあって初めて注意機能が働き，注意が機能することで記憶することができ，そうした基盤が整ってはじめて遂行機能やセルフアウェアネスが機能するという**神経心理ピラミッド**で説明されるが（**図11-5**），こうした階層性による理解はリハビリテーションの準備性を考える際に有用である。

表 11-2　高次脳機能障害の診断基準 (中島・寺島, 2006)

I. 主要症状等
1. 脳の器質的病変の原因となる事故による受傷や疾病の発症の事実が確認されている。
2. 現在, 日常生活または社会生活に制約があり, その主たる原因が記憶障害, 注意障害, 遂行機能障害, 社会的行動障害などの認知障害である。

II. 検査所見
MRI, CT, 脳波などにより認知障害の原因と考えられる脳の器質的病変の存在が確認されているか, あるいは診断書により脳の器質的病変が存在したと確認できる。

III. 除外項目
1. 脳の器質的病変に基づく認知障害のうち, 身体障害として認定可能である症状を有するが上記主要症状 (I-2) を欠く者は除外する。
2. 診断にあたり, 受傷または発症以前から有する症状と検査所見は除外する。
3. 先天性疾患, 周産期における脳損傷, 発達障害, 進行性疾患を原因とする者は除外する。

IV. 診断
I〜III をすべて満たした場合に高次脳機能障害と診断する。
1. 高次脳機能障害の診断は脳の器質的病変の原因となった外傷や疾病の急性期症状を脱した後において行う。
2. 神経心理学的検査の所見を参考にすることができる。
3. なお, 診断基準の I と III を満たす一方で, II の検査所見で脳の器質的病変の存在を明らかにできない症例については, 慎重な評価により高次脳機能障害者として診断されることがあり得る。

また, この診断基準については, 今後の医学・医療の発展を踏まえ, 適時, 見直しを行うことが適当である。

III-1 「脳の器質的病変に基づく認知障害のうち, 身体障害として認定可能である症状」とは, 失語を指す。失語は診断基準作成時にすでに身体障害として認定されていたためここでは除外されている。

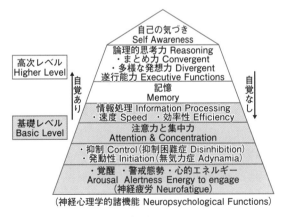

図 11-5　神経心理ピラミッド (立神ら, 2010)

● 注意障害と記憶障害

注意障害　注意障害は，注意機能に困難がみられるという臨床的な症状の分類であるため，空間認知や，覚醒水準，短期記憶やワーキングメモリの障害まで幅広く含まれる。注意障害は，大きく空間性注意と全般性注意に分けられる。**空間性注意**とは，空間のどこに注意を向けるかということに関する注意能力で，右半球損傷の結果生じる**左半側空間無視**がよく知られている。**全般性注意**には，前頭葉，大脳基底核，脳幹や，脳の機能的なネットワークが関連し，いくつかの種類に分けることができる。**選択性注意**は複数の刺激から必要な刺激を選択して注意を向ける機能，**配分性注意**は複数の刺激に同時に注意を向ける機能で，前頭葉の関連が報告されている。**持続性注意**は一定時間注意を保ち続ける機能で覚醒水準と関係し，**容量性注意**は一度に注意を向けることのできる範囲つまり短期記憶に保持できる情報量のことを指し，前頭葉や大脳基底核，脳幹，軸索が関連する。注意障害は，多様な原因により生じ得るため，多くの高次脳機能障害者に認められる。

記憶障害　階層的に注意機能の上位にくると考えられる**記憶障害**（健忘；第4章参照）は，注意障害の次に報告が多い。記憶障害のうち，脳の損傷が生じた際の一時的な逆向健忘よりも，新しいことが覚えられなくなる前向健忘は継続的に生活に影響を与えるため問題となることが多い。側頭葉内側部や間脳の障害による健忘以外にも，前頭葉の損傷によりエピソード記憶や意味記憶の想起に障害が生じたり，先の予定を覚えていて必要な時に想起する記憶である**展望記憶**に障害が生じたりすることもある。こうした脳の損傷による器質的な記憶障害と，心理的な防衛により自分に関する記憶を忘れてしまう**全生活史健忘**は区別される。

Topic 半側空間無視

　右半球損傷による左半側空間無視は一般的であるが，左半球損傷による右半側空間無視の発生頻度は少ない。こうした空間性注意にみられる左右差は，右半球の注意機能は左右両方の空間に向けられるが，左半球の注意機能は右方向に強く向けられているために生じていると考えられている（図11-6のA.損傷なし）。左半球損傷時には右半球の機能により空間の左側もカバーされる（図11-6のB.左半球損傷）が，右半球損傷時には残された左半球は空間の左側に注意が向けられないため左半側空間無視が生じる（図11-6のC.右半球損傷）と考えられている。

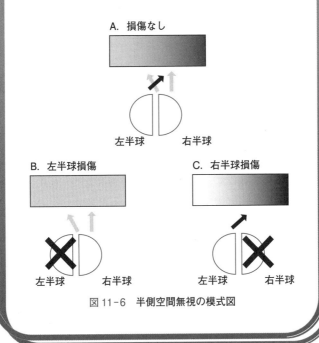

図11-6　半側空間無視の模式図

● 前頭葉障害

19世紀までは前頭葉は何もしていない大脳皮質と思われていたが，前頭葉に損傷を受けることで様々な問題が生じる。フィニアス・ゲージの事例では，前頭部を鉄パイプで貫かれる事故の後，彼は性格が一変し気まぐれで傲慢な男になったことが知られている。また，1950年頃まで盛んに行われた前頭葉ロボトミー手術（図11-7）により，積極性が消失してしまうという結果がもたらされた。このように，前頭葉に損傷を受けると，抑制に障害が生じ感情のコントロールができない，衝動性が高まる，意欲が低下するといった，**社会性の障害**が生じる。ダマシオらの研究でも，前頭葉に損傷のある実験参加者はギャンブル課題でリスクを計算に入れない選択行動を続けた。また，道徳性の低下と内側前頭葉の関連（図11-8）も指摘されており，犯罪と前頭葉障害などの神経心理学的な検討も今後必要とされている。

ゲージのように前頭前野の損傷があると，計画が立てられない，効率的な作業ができないという**遂行機能障害**が生じることも知られている。遂行機能／実行機能（executive function）（第9章参照）とは，目標設定，計画作成，実行，成果の評価，行動の改善という一連の行動を遂行する機能である。遂行機能は，意欲，注意，言語，記憶などの各種認知機能が統合されて機能しているため，前頭葉に加えて大脳基底核や皮質下構造，神経ネットワーク全般の機能が影響する。そのため，臨床的には，脳血管障害による前頭葉損傷だけでなく，交通外傷によるびまん性軸索損傷，アルツハイマー型認知症に代表される神経変性疾患など多様な疾患で遂行機能障害が生じる。

図 11-7　前頭葉ロボトミー手術（二木, 1984）

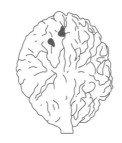

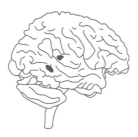

図 11-8　道徳的な写真とそうでない不愉快な写真を見た時で活動に違いの
　　　　 あった部位（Moll et al., 2002）

● 神経心理検査

　高次脳機能障害等の脳の機能を評価する検査を神経心理検査といい，認知障害の特徴を明らかにするために複数を組み合わせて実施する（表 11-3）。知的機能のスクリーニング検査に MMSE-J，HDS-R，MOCA-J がある。全般的な知的機能のプロフィールを知り年齢平均との相違を確認するためには WISC-V，WAIS-IV が使用される。言語機能に障害がある場合には，代替としてコース立方体組み合わせテストで IQ を測定する場合もある。注意検査には，比較的短時間で実施できる TMT-J や仮名ひろいテストの他，様々な注意の領域を評価することのできるバッテリータイプの CAT-R がある。半側空間無視の評価には BIT 行動性無視検査が使用される。記憶検査として，言語性の記憶の評価には S-PA，視覚性の記憶の評価にはベントン視覚記銘検査，Rey-Osterrieth 複雑図形が使用され，バッテリータイプの WMS-R，リバーミード行動記憶検査は記憶の様々な側面や生活への影響を評価するために使用される。また，前頭葉検査には K-WCST，ストループテスト，FAB，アイオワギャンブル課題があり，さらに総合的に遂行機能を評価するためには BADS を使用する。失行，失認の評価には，標準高次動作性検査，標準視知覚検査，失語には SLTA や WAB を使用する。

　神経心理学的な評価にあたっては，脳の器質的な変化と高次脳機能障害の関係，神経心理検査が測定する認知能力について熟知していることが必要である。また，海外では，標準化され最新の知見を反映した神経心理検査が多数使用されている。今後，世界基準に合わせた翻訳・標準化を進めていくことが必要である。

表 11-3 神経心理検査

測定している能力	正式名称	略称	説明
知的機能	MMSE-J 精神状態短時間検査—改訂日本版	MMSE-J	見当識，記銘，構成行為等複数の項目で構成され，知的機能のスクリーニングができる。
	HDS-R 長谷川式認知症スケール	HDS-R	記憶を中心とした項目で構成され，認知症のスクリーニングができる。
	日本語版 Montreal Cognitive Assessment	MOCA-J	多領域の認知機能を簡便に評価できる。
	WISC-V 知能検査	WISC-V	5〜16 歳 11 カ月の子どもの知能を包括的に評価する。
	WAIS-IV 知能検査	WAIS-IV	16〜90 歳 11 カ月の知能を包括的に評価する。
	コース立方体組み合わせテスト		積木で模様を構成する非言語性の検査。
注意機能	TMT-J Trail Making Test 日本版	TMT-J	処理速度，切り替えなど注意の諸側面を簡便に評価できる。
	仮名ひろいテスト		選択性注意，配分性注意の評価が可能。
	改訂版標準注意検査法・標準意欲評価法	CAT-R	複数の注意の機能が測定できるバッテリータイプの検査。
	BIT 行動性無視検査 日本版	BIT	通常検査と行動検査にわかれ，半側空間無視の生活上の問題も評価できる。
	S-PA 標準言語性対連合学習検査	S-PA	有意味対語と無意味対語の学習を行うことで言語性の記憶を評価する。
	BVRT ベントン視覚記銘検査	BVRT	図版を模写あるいは記銘する検査であり視覚性の記憶を評価する。
	Rey-Osterrieth 複雑図形		複雑な図版を模写あるいは記銘する検査であり視覚性の記憶を評価する。
	WMS-R ウエクスラー記憶検査	WMS-R	注意を含め即時記憶や遅延再生について評価できる。
	RBMT リバーミード行動記憶検査	RBMT	記憶障害による生活上の問題を評価できる。
前頭葉機能	KWCST 慶應版ウィスコンシンカード分類検査	K-WCST	カードの分類を行うことで，セットの転換能力，保続の有無などの前頭葉機能を測定する。
	ストループテスト		注意の切り替え，抑制の評価を行う。
	Frontal Assessment Battery	FAB	概念化，流暢性，抑制など前頭葉機能を評価する。
	アイオワギャンブル課題	IGT	報酬が最大になるようにカードをひくゲームで前頭葉の意思決定機能を評価。
（遂行機能）	BADS 遂行機能障害症候群の行動評価	BADS	日常生活上の遂行機能を複数の検査で評価。
失行	SPTA 標準高次動作性検査	SPTA	失行を含む高次の動作性の障害を評価。
失認	VPTA 標準高次視知覚検査	VPTA	形態失認，相貌失認，色覚失認など視知覚機能を総合的に評価。
失語	SLTA 標準失語症検査	SLTA	聴く，話す，読む，書く，計算について評価する一般的な失語症検査。
	WAB 失語症検査	WAB	Western Aphasia Battery（WAB）の日本語版で海外との比較が可能。

脳の損傷と回復

　後天的な脳損傷では損傷後数週間から数カ月で急速な機能の自然回復を示すが，その後も数年にわたって緩徐な回復が続き得るため，積極的なリハビリテーションにより認知・行動における継続的な機能回復が期待できる。

　脳損傷によって障害された機能が回復するメカニズムは，神経系の再建あるいは復元と，脳の機能の再組織化あるいは再編成化に分けられる。前者は，**ヘッブの法則**（Hebb, 1949）と呼ばれる接合するニューロンは繰返し発火することで結合が強まるという現象により，シナプス結合は経験により変化し得るという考え方である。しかし，人の損傷した中枢神経系は再生が困難であることが知られ，病前の機能を完全に回復することは難しい。後者は，ある部位の損傷が遠隔領域の低下を引き起こす**ダイアスキス**からの回復や，半球間の抑制からの解放，以前とは異なる機能的メカニズムを用いた機能の代償という考え方である。通常は**表11-4**に示すようなこれらの過程が組み合わされた形で機能回復が形成される。さらに，機能回復に及ぼす要因として，その個人の年齢や，損傷の質や程度（損傷部位，損傷部位の範囲），受傷前の認知的予備力（知的水準，認知機能，職業歴など），心理学的要因（パーソナリティ，動機づけ，セルフアウェアネス），訓練プログラムなどが関係する。年齢に関しては，**ケナードの原理**（Kennard, 1940）として知られるように若年者は機能回復が良好とされるが，前頭葉の機能（第9章参照）が成熟する前の小児期に損傷を受けることで適正な行動や社会性の獲得に問題が生じることも多い。

表 11-4　機能回復のメカニズム

メカニズム	説明
シナプス結合の変化	接合するニューロンは刺激を受けて繰返し発火することで結合が強まる「刺激し合い，結合し合う細胞（cells that fire together, wire together）」というヘッブの法則で説明される現象により障害された神経系が変化し，分断されたシナプス結合を増やすメカニズムで損傷の周辺部で働くと考えられる。
ダイアスキシスからの回復	ダイアスキシスとは損傷部位の機能低下だけでなく，神経連絡線維によって連絡している遠隔部位の機能が低下する現象で，時間の経過とともに遠隔部位が連絡を回復することによって機能を取り戻す。損傷後の早期の回復はダイアスキシスからの回復により説明される。
半球間の抑制からの解放	脳の半球への損傷は脳機能の本来のバランスを変え，損傷されていない半球の活性化が，損傷された半球の機能を抑制すると考えられ，半球間のバランスをとることで機能回復を行う。上肢の CI 療法は，健側の使用を制限することで麻痺肢の機能回復を目指すエビデンスの高い訓練方法である。
機能的な代償	全く違う神経回路，もしくは離れた神経回路がそれまでとは異なる機能を担い代償を行う。

● 認知リハビリテーション

　脳の損傷による高次脳機能障害のリハビリテーションを**認知リ
ハビリテーション**と呼ぶ。認知リハビリテーションは，障害され
た機能そのものを訓練する直接訓練，障害された機能を他の手段
で補うことを目指す代償手段の獲得，生活しやすい状況を整え周
囲の理解を促す環境調整，に分けて考えることができる。また，
エビデンスのある認知リハビリテーション（Cicceroni et al., 2019）
を実施することが必要である。注意機能に関しては，ワーキング
メモリの強化を含むパソコンや机上のドリル訓練を利用した直接
訓練や，代償手段を使うためのメタ認知訓練が推奨される。記憶
障害に対しては，軽度の記憶障害者には記憶方略訓練や手帳やス
マートフォンの利用などの**代償手段の獲得**が薦められ，重度の記
憶障害者にはエラーをさせず必要なスキルを繰返し学習させる**エ
ラーレスラーニング**が有効とされる。記憶障害だけでなく認知障
害が重度である場合には，必要な機能に絞って領域固有の認知リ
ハビリテーションを行うことが有効である。また，メタ認知を高
める訓練やセルフアウェアネス（図 11-9）を高める訓練として，
個別訓練と集団訓練を組み合わせ心理的な介入も行う**包括的全人
的神経心理学的リハビリテーション**も推奨されている。こうした
認知リハビリテーションの成果は，高次脳機能障害者本人のセル
フアウェアネスや，パーソナリティ，モチベーション，生育歴，
職歴などとも関係しているため，心理的安全性の高い訓練環境を
整え，個別化した訓練プログラムを考えることが必要である。さ
らに，家族や学校，職場，地域などの人的環境や物理的環境を整
え，施設や制度などの社会的なリソースを有効に活用することも
大切である。

Topic　セルフアウェアネス

　セルフアウェアネスとは，自己の疾患や障害，能力の低下，そこから生じる行動や生活上の問題などに対する気づきや自覚，認識である。アウェアネスの階層モデルでは，アウェアネスは，障害についての知識がある知的アウェアネス，障害に体験的に気づく体験的アウェアネス，障害を理解し対策が立てられる予測的アウェアネスと積み上がっていくとされている（Crosson et al., 1989）（図11-9）。また最近では，知識や自己認識といったメタ認知的全般的なアウェアネスと，課題を遂行する際に必要なオンラインアウェアネスにわけて説明するアウェアネスの機能的包括モデル（Toglia & Goverover, 2022），アウェアネス障害の要因を認知神経科学的要因，心理学的要因，社会環境的要因に分けて説明する生物心理社会モデル（Ownworth et al., 2006）でも説明されている。

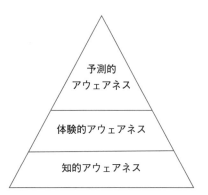

図11-9　クロッソンらのアウェアネスの階層的モデル
(Crosson et al., 1989)

● ● ● ● 参考図書

田川 皓一・池田 学（編）（2020）．神経心理学への誘い——高次脳
　　機能障害の評価——　西村書店

　高次脳機能障害に関連する疾患や評価について，網羅的に解説され
ている．臨床場面で高次脳機能障害についての理解が必要な人に薦め
る．

石合 純夫（2022）．高次脳機能障害学　第3版　医歯薬出版

　高次脳機能障害の各症状について，脳内のネットワークと対応させ
て詳説している．古典的な症状理解から一歩進めた理解に適している．

ソールバーグ，M. M.・マチア，C. A.　尾関 誠・上田 幸彦（監訳）
　　（2012）．高次脳機能障害のための認知リハビリテーション——
　　統合的な神経心理学的アプローチ——　協同医書出版社

　神経心理学的な理論から認知リハビリテーションまでが解説されて
いる．エビデンスに基づいた認知リハビリテーションを実施する際の
教科書として好適である．

心の病気と脳 **12**

　疲れて病んだ心のケアは心理学の重要な課題である。病んだ心とは，私たちを取り巻く複雑な環境に適応するために脳が生み出した生物学的な反応の一形態と考えられる。その生物学的背景を知ることによって心を病むことへの深い理解が可能になる。本章では，代表的な心の病気として統合失調症，うつ病，不安障害，嗜癖性障害を取り上げ，神経科学的な理解の現状を解説する。近年の脳画像解析や遺伝子解析の進歩によって，心の病気の生物学的な姿が明らかにされつつある。

心の病気の生物学

心の病気の理解と援助には当面３つの課題がある。

第１は，心の病気を生物学的に理解することである。心の病気とは，人間が生物として環境に適応していくときの一つのやり方にほかならない。ある基準を適用して診断すれば，それは「病気」となり，治療の対象とされるが，その基準は社会的な要請に従って作られたものであり，生物学的には「正常」な脳活動と「病的」な脳活動との間に隔壁は存在しない。医学の歴史に目を向けると，かつては様々な感染症や遺伝病が差別と偏見の対象であったが，生物学的な理解の進展によってそれらが打破されてきた。心と脳の問題も例外ではない。

第２は，心の悩みを抱える人々に「寄り添う」ことである。生物学的な理解は私たちの目を開くが，現実に悩みや苦しみを経験しつつある人にはもっと直接の手当てが必要である。そのためには科学的な人間理解の意義をふまえた上で，それにとらわれず，悩んでいる人々との間で人間対人間の対等かつ緊密な関係を作り上げ，一種の伴走者としてその人々の人生を支える必要がある。

第３は，社会的な受け皿を用意することである。心の病気から立ち直りつつある人々の精神的な足腰はまだ弱く，濁流のような社会を十分に泳いでいくことはできない。その人々の学業や就労，恋愛や結婚，経済的な自立や政治的な権利はどうなるのか。親子や兄弟の人間関係，地域の近隣の人々との社会的な関係はどのようにすべきなのか。これらの問題は従来心理学の問題とはみなされてこなかったが，これからは真剣に考える必要がある。

Topic　心の病気の診断

　診断は心理学の仕事ではないが，どのような心の病気があるのか，そもそも心の病気とは何なのかを考えることは心理学を学ぶ者にとって重要な課題である。たとえば，愛する人との死別による悲哀が深刻な行動変化を起こすとしても，それは病気ではない。政治的行動が過激になったとしても，その人の精神的機能が不全でなければ，それは病気ではない。このように難しい問題はあるが何らかの基準は必要である。

　国際的に使われている分類と診断の基準には世界保健機関（WHO）が制定した**国際疾病分類（ICD）**がある。ICDは精神疾患のみならずあらゆる疾病の網羅的な分類を目指している。心理職でも総合病院で仕事をする人にはICDの知識が求められる。アメリカ精神医学会が制定する**精神疾患の分類と診断の手引**（DSM）も広く使われ，事実上の国際標準といってもよい。日本語では「分類と診断」だが，本来は「診断と統計」であり，原意が統計である点に留意しなければならない。すなわちDSMは有病率や治療の有効性を示すためのデータ収集において，医師による「見立て」の違いを解消することが目的である。こうした診断基準には代表的な症状が列記してあるが，そこだけに目を向けるのではなく，序文等に示された基本精神を十分理解する必要がある。

生物学的理解の方法 各種の非侵襲的脳機能測定法（第9章）は，精神疾患の生物学的理解に欠かせない研究法である。これによって，かつては器質的な脳の病変が見当たらないと考えられていた精神疾患にも微細な形態学的変化が認められたり，神経伝達物質の機能変化などが認められたりするようになった。

遺伝子解析も重要な研究手段である。多くの精神疾患は遺伝的素因と成育歴の影響，および現在の生活環境が絡み合って発症する。双生児研究，家系研究などに基づき，連鎖解析という手法で発症に関連する染色体を突き止め，責任遺伝子を特定する研究が行われている。遺伝子解析には発症に関連する**一塩基多型**（SNP）を検出する方法やSNPの頻度と発症の関連を統計的に調べる**ゲノムワイド関連解析**（GWAS）などの方法がある。

遺伝子の役割はタンパク質を作ることにあるが，その過程は環境によって影響を受ける。ある遺伝的な素因を持っているからといって，必ずしもその形質が発現するとは限らない。遺伝子発現を修飾するシステムを**エピジェネティクス**という。トラウマ体験などがエピジェネティックな変化を招き，精神疾患発症の脆弱性に寄与している可能性が指摘されている（篠崎，2018）。

ヒト以外の動物を用いた**モデル研究**が精神疾患の理解に果たす役割も大きい。動物は厳密にはヒトと同じような精神疾患にはならず，また，動物に精神病様の状態を作ることは倫理的に禁じられている。しかしながら，十分な倫理的配慮を行った上のことではあるが，独立変数が操作でき，神経活動への直接介入が可能で，ライフスパンにわたる行動の変化が観察できる動物実験の意義は大きい。

Topic　心の病気の治療薬

　心の病気の治療に化学物質を用いることは古くから行われていたらしいが，近代的な薬物治療の道が開けたのは1950年代以降である。治療薬の代表的なものとして統合失調症に用いられる**抗精神病薬**，うつ病に用いられる**抗うつ薬**，不安障害や睡眠障害などに用いられる抗不安薬がある（表12-1）。躁病や躁うつ病（双極性障害）には**気分安定薬**と呼ばれる薬物が用いられる。このほか**抗てんかん薬**，**抗パーキンソン病薬**なども精神科治療薬といえる。こうした薬物は精神神経疾患のメカニズムを探究することにも大きく貢献してきた。現在でもより良い治療薬を目指した開発は続いているが，治療場面で効果を発揮するためには良好な心理的支援が必要であることはいうまでもない。

表12-1　主な精神科治療薬

	一　般　名	標的となる神経伝達物質	代表的な商品名
抗精神病薬	クロルプロマジン ハロペリドール リスペリドン オランザピン アリピプラゾール	DA DA DA/5-HT 各種 DA	コントミン セレネース リスパダール ジプレキサ エビリファイ
抗 う つ 薬	イミプラミン マプロチリン ミルナシプラン パロキセチン フルボキサミン	5-HT/NA 5-HT/NA 5-HT/NA 5-HT 5-HT	トフラニール ルジオミール トレドミン パキシル ルボックス
抗 不 安 薬	ジアゼパム アルプラゾラム エチゾラム タンドスピロン	GABA GABA GABA 5-HT	セルシン ソラナックス デパス セディール

DA：ドパミン，NA：ノルアドレナリン，5-HT：セロトニン，GABA：GABA（ガンマアミノ酪酸）
商品名は各社の登録商標。

● 統合失調症

統合失調症とは　統合失調症は青年期に発症しやすく，人口の約1%弱の人が罹患する病気である。患者はしばしば奇妙な言動を示すので重篤な病気と思われてきたが，早期から適切な薬物治療と精神的支援を行えば，日常生活にそれほど支障は出ない。

統合失調症の症状は幻覚や妄想などの**陽性症状**と，感情の平板化や意欲の減退などの**陰性症状**に分けられる（表12-2）。近年ではこれらに加えて注意保持の困難，手指の巧緻な運動困難，抽象的思考や問題解決能力の低下といった**認知症状**も重視されている。

ドーパミン仮説　陽性症状はクロルプロマジンやハロペリドールなどの抗精神病薬で軽減できる。これらの薬がドーパミン受容体の遮断作用を持つことから，統合失調症の患者ではドーパミン神経伝達が亢進しているのではないかという**ドーパミン仮説**が導かれた（大久保，1998）。実際，PETを使って統合失調症患者のドーパミン受容体を調べてみると，帯状回および視床背内側核などの部位で受容体の結合能が低下していた（Suhara et al., 2002）。結合能の低下は過剰なドーパミン放出に適応した結果と考えることができる。

その他の仮説　陰性症状は既存の抗精神病薬では治療できず，**グルタミン酸**などドーパミン以外の神経伝達物質が関与しているという仮説，脳の器質的な変性が関与しているという仮説など，いろいろな議論がある。患者の遺伝子研究からは，ニューロンの成長に関与するDISC1，シナプスの形成に関与するディスビンジン，ニューレグリンなどの遺伝子に変異が見つかっており，統合失調症が脳の発達の問題でもあることが示唆されている。

表 12-2　**統合失調症の症状**（丹野・坂本, 2001）

陽性症状（ふつうの人は経験しない心理現象）

幻覚（実際には対象がないのに，何かが知覚されること）
　幻聴（実際には対象がないのに，何かが聞こえること）
　幻視（実際には対象がないのに，何かが見えること）

妄想（他人から説得されても訂正されない誤った信念）
　被害妄想（誰かから害を加えられ，苦しめられているという妄想）
　誇大妄想（自分を過大に評価する妄想）

自我障害（自分の考えが他人につつぬけになったり，誰かに操られると感
　　　　　　じられる体験）
　自我漏洩体験（自分の考えが他人につつぬけになっていると感じられる体験）
　作為体験（誰かが考えを吹き込んでくるとか，誰かに命令され操られる
　　　　　　と感じられる体験）

陰性症状（ふつうの心理機能が減少したり欠落したりした症状）

　連合弛緩（話の文脈のまとまりが悪いこと）
　自閉（自分の内面の主観的世界に閉じこもり，外の現実への関心を失うこと）
　感情の平板化（自然な喜怒哀楽の感情に乏しくなること）
　両価感情（同一の対象に対して，愛と憎しみ，行動しようとする意志と
　　　　　　しまいとする意志のように，相反する感情や意志が同時に起
　　　　　　こること）

● 気分障害

エピソードと病気　誰しも気分の高揚や落ち込みを経験することはある。それは一時的なこともあれば，1週間か2週間続くこともある。表12-3に示すような躁やうつの気分エピソードが非常に強かったり，何度も反復して表れたりして日常生活に支障のある場合は気分障害として治療の対象になる。しかし，こうしたエピソードの表れ方や背景は人によって様々である。

気分障害の生物学　気分障害は珍しいものではない。たとえば，大うつ病性障害は人口の4〜5%に発症するといわれている。臨床症状の発現様式は複雑だが，気分障害にはかなり明瞭な生物学的背景があると考えられる。その根拠は，双生児の発症一致率が高く遺伝的素因の影響がうかがえること，かなりの気分障害が治療薬によく反応すること，脳機能の画像解析から気分障害（とくに大うつ病）に関わる神経回路が理解できるようになってきたことなどである。うつ病には複数の神経回路が関わっている。まずネガティブなライフイベントに対する扁桃体とその周辺領域の過剰な活動が考えられる。また，喜びの喪失との関連では報酬系の機能低下が考えられる。これらを調節する上位機能と関連の深い回路として，悪いことを自分のせいにしてしまう自己関連づけとの関連でデフォルトモードネットワーク（DMN）（第9章）の機能亢進，目的志向的行動を司る実行機能ネットワーク（CEN）とDMNの結合低下，情動価・報酬価を検知して刺激に対する反応を調節する顕著性ネットワーク（SN）とDMNの結合増加などの知見（図12-1）が得られている（森ら，2017）。

表 12-3　躁とうつの気分エピソード（DSM-5 を改変）

躁のエピソード
自尊心の肥大または誇大，睡眠欲求の減少，普段よりも多弁もしくは喋り続けようとする心迫，観念奔逸，注意散漫，目標志向性活動の増加または精神運動性の焦燥，まずい結果になる可能性が高い快楽的活動への熱中

うつのエピソード
自覚的または他覚的に観察される抑うつ気分，ほとんどすべての活動における興味・喜びの著しい減退，著しい体重の減少あるいは増加，不眠または睡眠過多，精神運動性の焦燥または制止，易疲労性または気力の減退，思考力や集中力の減退，死についての反復思考

モノアミン欠乏仮説 うつ病の治療薬として最初に登場したのはイミプラミンという薬であった。イミプラミンは神経終末から放出されたノルアドレナリンとセロトニンの再取り込みを防ぐ。また，現在では使われていないが，イプロニアジドという結核の治療薬も一時うつ病の治療に使われたことがある。この薬はノルアドレナリンやセロトニンのようなモノアミン系神経伝達物質が酵素で分解されるのを防ぐ。いずれの場合もシナプス間隙のノルアドレナリンやセロトニンの濃度を増やし，シナプス後受容体を活発に刺激することが抗うつ効果につながっているように思われた。そこで，ノルアドレナリンやセロトニンの機能低下がうつ病の背景ではないかという**モノアミン欠乏仮説**が生まれた（山田，1998）。

受容体機能の変化 抗うつ薬は飲み始めてもすぐには効果が出ない。それに対してモノアミン系神経伝達物質に対する再取り込み阻害作用は1回投与しただけで発揮される。古典的なモノアミン欠乏仮説ではこの不一致がうまく説明できなかった。

再取り込み阻害作用のある薬物を反復投与すると，シナプス前神経に回収されるべき神経伝達物質がシナプス間隙にとどまり，シナプス後受容体の刺激が長く続く状態が繰り返されることになる。そのためシナプス後受容体は恒常性を維持するために細胞膜表面から姿を消す。これを受容体のダウンレギュレーションという。受容体のダウンレギュレーションが抗うつ効果の背景にあるならば，うつ病患者のモノアミン神経伝達物質受容体はその機能が亢進しているはずである。これが**受容体機能亢進仮説**で，抗うつ薬の作用を考えるうえでは重要な仮説である（朝倉ら，1998）。

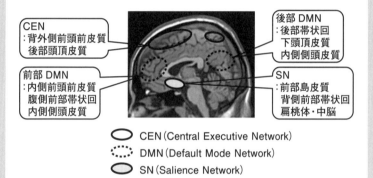

CEN
:背外側前頭前皮質
　後部頭頂皮質

後部 DMN
:後部帯状回
　下頭頂皮質
　内側側頭皮質

前部 DMN
:内側前頭前皮質
　腹側前部帯状回
　内側側頭皮質

SN
:前部島皮質
　背側前部帯状回
　扁桃体・中脳

　◯　CEN（Central Executive Network）
　⋯　DMN（Default Mode Network）
　◯　SN（Salience Network）

図 12-1　うつ病に関係する主要な神経回路（森ら，2017）

神経炎症仮説　慢性的な炎症を抱えている人はうつ状態になりやすいことから，炎症とうつ病との間に何らかの関係があるのではないかと考えられた。動物モデル研究で得られた知見をもとに考えると，各種のストレスによってグリア細胞の一種であるミクログリアが活性化され，炎症性サイトカインのレベルが上昇する。その結果，内側前頭前皮質の神経細胞の応答が減弱したり樹状突起が萎縮したりする。こうした変化がうつ的な行動発現に影響すると考えられる（Nie et al., 2018）。これがうつ病の**神経炎症仮説**である。モノアミン系神経伝達の機能変化にも神経炎症が関わっている可能性がある。

薬物以外の生物学的治療法　抗うつ薬の効き目が現れにくい薬物治療抵抗性のうつ病がある。このような人々に対しては，頭蓋の外から前頭前野外背側部などを標的にして磁気刺激を繰り返して与える方法（反復性経頭蓋磁気刺激法；rTMS）や，額に装着したパッドから弱い直流電気刺激を与える方法（経頭蓋直流電気刺激法；tDCS）などが開発され，治験では一定の治療成績をあげている（Mutz et al., 2019）。こうした刺激は軸索に作用して神経回路の再構築を促すと考えられている。実施にあたって安全性を第一に考慮することは当然である。

心理療法の生物学的効果　気分障害の治療には**認知行動療法**などの心理療法も欠かせない。認知行動療法の有効性はすでに実証されている（Hofmann et al., 2012）。認知行動療法は帯状皮質，前頭前皮質，扁桃体と海馬など大脳皮質と大脳辺縁系をつなぐシステムに影響を与える（Chalah & Ayache, 2018）。ただし，個々の報告の治療法や知見には違いがあるため，方法を統一した複数のランダム化比較対照試験の分析が必要とされている。

Topic うつ病と腸脳相関

　ヒトの腸内にはおよそ1,000種類の細菌が100兆個も生息しているといわれる。うつ病の患者は過敏性腸症候群（第6章）を併発する例が多いことから，腸内細菌叢の変化が疑われ，実際にラクトバチルス乳酸菌やビフィズス菌の少ないことが示された（功刀，2018）。腸内細菌が産生する短鎖脂肪酸や胆汁酸などの化学物質は血流に入り，脳の活動に影響を与える（図12-2）（本郷，2022；Rayes-Martinez et al., 2023）。腸と脳の密接な関係を**腸脳相関**という。腸脳相関はうつ病のみならず様々な精神神経疾患と関わっている可能性があり，活発な研究が進んでいる。

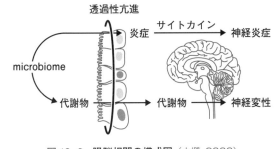

図12-2　**腸脳相関の模式図**（本郷, 2022）

● 不安障害

いろいろな不安　不安は日常生活で誰もが経験する情動である。本来は生存にとって脅威となる事象もしくはその予兆に対する警告反応の一つと考えられる。その反応の程度が日常生活に支障を来すほど強いか，もしくは，その事象が多くの人にとって脅威ではない場合に，臨床的なケアを要するかどうかを検討することになる。今日の精神医学では**不安障害**には多様性があると考えられている。ただしその概念は変遷をたどっており，たとえば，自分では不合理とわかっていても，手を洗うといった行為がやめられなかったり，他人を傷つけるのではないかといった観念が拭えなかったりする強迫性障害や，心的外傷後ストレス障害はかつては不安障害の一種と考えられたが，アメリカ精神医学会が2013年に公刊した『DSM-5　精神疾患の分類と診断の手引』（日本精神神経学会，2014）では，不安障害とは別カテゴリーに分類されている。不安症と他の精神疾患との線引きが難しいのも特徴で，うつ病や物質使用障害とも深い関係がある。

不安と脳　不安障害との関係が深い神経回路は，生体が脅威にさらされたときに身体的な反応を起こす神経回路と異ならない。その主役は扁桃体や海馬を中心とした大脳辺縁系で，扁桃体の延長と考えられる分界条床核や脳弓も関わっている。さらに各種の感覚情報を収束し，認知的な意味づけと統合して辺縁系に出力を送る島皮質も脅威に対する反応に関与している（**図12-3**）（Penninx et al., 2021）。この神経回路は不安障害に特異的なものではなく，私たちの生存を支える重要な回路である。

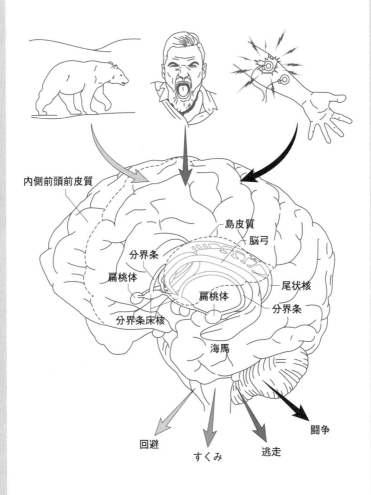

図 12-3　脅威に反応する脳部位（Penninx et al., 2021）

抗不安薬　古典的に不安障害の治療に用いられてきた薬物を，その化学構造から**ベンゾジアゼピン系抗不安薬**という。この系統の薬物には不安を鎮める作用，筋肉を弛緩させる作用，眠気を催す作用がある。この最後の効果を利用して睡眠導入薬として使われることもある。ベンゾジアゼピン系薬物は GABA 系の神経伝達を強める作用を持つ。GABAA 受容体はいくつかのサブユニットが結合したイオンチャネル型受容体で，中央に塩化物イオン（Cl^-）のチャネルがある，Cl^- はマイナスの電荷を持ったイオンなので，細胞内に流入すると細胞は過分極の状態となり，興奮しにくくなる。こうして神経活動が抑制される。ベンゾジアゼピン系薬物の筋弛緩作用や鎮静・睡眠導入作用によるリラックス感が抗不安効果を支えている可能性がある。ただし，この系統の薬物を使い続けていると依存状態となり，やめられなくなるおそれがある。適切な心理ケアを併用して「もう薬を飲まなくてもよい」という状態に持っていくことが重要である。

　なお，近年ではセロトニン系に作用する抗不安薬も開発されている。ベンゾジアゼピン系抗不安薬では眠気や筋弛緩作用による運動失調（ふらつきなど）の問題が避けられないが，セロトニン系薬物ではこうした副作用が回避できるからである。また，ノルアドレナリン系とセロトニン系双方に作用する薬物も有用である。パニック発作に見られる過呼吸や血管収縮などの身体症状にはノルアドレナリン系の機能亢進が関わっている。また，行動や認知のある種の衝動的傾向はセロトニン系の機能低下との関わりが想定される。不安障害は多様であり，臨床現場では抗うつ薬などが使われることも多い。

Topic 精神分析と脳科学

　下の神経回路の図はフロイトが 1895 年に抑圧の機構を説明するために描いたものである（図 12-4）。2000 年度のノーベル医学・生理学賞に輝いたエリック・カンデルは精神分析の理論を「現在でも最も論理的な一貫性があり，知的な満足を与える心の観方」と称えている。

　フロイトの基本的な構想には神経科学的な基盤がある。今日では「神経精神分析学（neuro-psychoanalysis）」という新しい研究分野が立ち上がり，カンデルやルドゥ，ダマシオ，ラマチャンドランといった錚々たる神経科学者が結集して精神分析的な心の観方と神経生物学的な心の観方との融合を図っている。

　フロイトが提唱した自我のモデルと脳の解剖学的構造との対応を考えるのは難しいことではない。すなわち，欲動の宿る「イド」は脳幹部から大脳辺縁系にかけて，前頭眼窩野を含む腹側前頭葉は情報の取捨選択を司っているので抑圧の機構に，外界の感覚情報を処理する後頭葉や頭頂葉は「エゴ」（自我）に，背側前頭前野は「スーパーエゴ」（超自我）にそれぞれ関連づけて考えることができる。現在の精神医学では薬物療法が主流になり，生物学的な考えが精神分析的な思想にとってかわりつつあるが，神経精神分析学の代表的研究者であるマーク・ソームズは「フロイトが生きていたらこの潮流を歓迎したであろう」と述べている（Solms, 2004）。

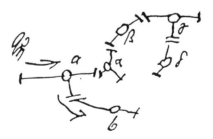

図 12-4　フロイトによる抑圧の神経機構図（Solms, 2004）

● 嗜癖性障害

嗜癖性障害とは何か　何らかの有害性がある行為や化学物質の使用をやめられない状態を英語で addiction という。日本語に訳すと嗜癖になるが，日本語の辞書的な意味（「あるものを特別に好む性癖」（『広辞苑　第6版』））とは異なる。DSM-5 には「物質関連障害および嗜癖性障害群」というカテゴリーがあるが，正確には**物質関連障害**と**非物質関連障害群**である。嗜癖という言葉は定義が不明確で，否定的な意味を内包しているという理由で物質関連障害の診断用語としては使われていない。日本では非物質関連障害に「依存」という言葉を当てて「ギャンブル依存」などと称せられることがあるが，依存（dependence）は生体と化学物質の相互作用の結果として起こる特異な状態を示す薬理学用語であり，化学物質ではない対象に用いるのは誤りである。

嗜癖性障害の生物学　物質関連障害を起こす化学物質は脳内報酬系（第5章）を賦活する。またギャンブル障害も，もしギャンブルの動機が金銭の獲得であったら，予測よりも大きい金銭が手に入ったときに報酬系が活動するので報酬系の活動に関連がある（Knutson et al., 2001）。しかしながら，報酬系の賦活によって快情動が惹起されるのは一過性のことで，ほどなく離脱による不安や抑うつ，疲労感などの不快情動が起こる。この不快情動には扁桃体を中心とした神経回路とストレスホルモンが関わっている。その苦痛から抜け出すために，物質や行為の効果に対する過大な期待が起こる。その期待には前頭葉を中心とした大脳新皮質が主に関わっており，物質使用や特定の行為の実行と離脱を繰り返すにつれて効果期待は「とらわれ」へと変容する（図12-5）（Koob & Volkow, 2010）。

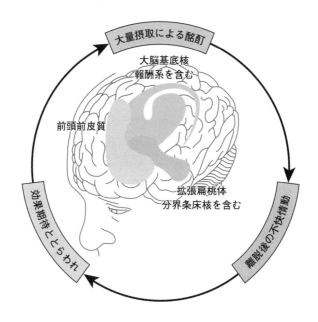

大量摂取による酩酊

大脳基底核
報酬系を含む

前頭前皮質

拡張扁桃体
分界条床核を含む

効果期待ととらわれ

離脱後の不快情動

図 12-5　**物質使用障害に関わる神経回路**（Koob & Volkow, 2010）
図に示された 3 種の神経回路は行動嗜癖にも深い関わりがあると考えられて
いる。

物質関連障害　　物質関連障害は特定の化学物質を使うことの問題（物質使用障害）と，使った結果として起こってくる問題（物質誘発性障害）に分けられる。使用障害は使用に対する渇望，意図せざる大量または長期の使用，やめよう・減らそうとする努力の失敗，社会的な役割や対人関係への問題，身体的・精神的に悪いとわかっていてもやめないといった使用様式によって臨床的に意味のある障害や苦痛が生じている状態である。誘発性障害は物質使用によって起こる不適応的な行動または心理的変化で，その徴候は物質によって様々である。DSM-5 には対象となる物質としてアルコール，カフェイン，大麻，幻覚薬，吸入剤（有機溶剤など），オピオイド（モルヒネなど），鎮静薬・睡眠薬または抗不安薬，精神刺激薬（覚醒剤，コカインなど），タバコの9種類が挙げられている。

非物質関連障害群　　現在のところ，**非物質関連障害群**として DSM-5 に記載されているのはギャンブル障害である。その特徴は掛け金が増える，中断，中止の努力が失敗する，社会的な役割や対人関係への問題が起こっているなど，物質使用障害と共通するものもある。その一方で，苦痛の気分のときにギャンブルをする，金をすった後にそれを取り戻すために深追いする，のめりこみを隠すために嘘をつく，といった独自の特徴もある。非物質関連障害群の内容は今後も増える可能性があり，我が国では若年層を中心にインターネットゲームへののめり込みが問題とされている。ゲーム障害は DSM-5 では検討中とされているが，国際疾病分類第11版（ICD-11）には盛り込まれた。

　物質使用障害の基礎研究

　物質使用障害の基礎研究は，2種類の動物実験によって大きく進展した。その一つはオペラント条件づけの手続きに従ってスイッチを押すと体内に少量の薬液が注入されるようにした実験である（**自己投与実験**）（図12-6）。もう一つは，化学物質の投与と連合した環境刺激に対する接近行動が誘発されることを古典的条件づけで示す実験である（**条件性場所選好実験**）。ある種の化学物質は正の強化子となり，接近行動を誘発する無条件刺激となる。物質使用障害は個人のパーソナリティや意思の問題ではなく，化学物質固有の性質によって起こる。これらの実験は，そのことを明確に示している。

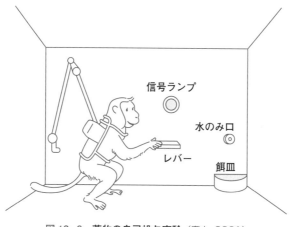

図 12-6　**薬物の自己投与実験**（廣中，2001）

他者と「わかりあう」ために　心の病気を生理心理学的に理解することは，一見すると了解不能に見える他者の行動やその動機を了解可能なレベルに引き上げるために役立つはずである。第0章で述べたように，本書では心理学としては「細かすぎる」と読者が一見感じるぐらいのレベルから脳を説きおこし，高次機能の正しい理解につなげることを目的とした。そのためには全人的な人間全体のレベルから個々の分子のレベルまで，各レベル間の密接な関連を意に留め，さらに社会におけるヒトの行動，逆に見れば個人の行動が集まって作り上げた社会の姿にまで視野を広げることが重要である。脳は生命維持の調節機構を基盤として，その上に運動調節，生体内外の情報統合，情動などの機能が加わり，それらを広義の認知機能を司る大脳が統合している。その理解の上に，近年の神経科学の研究対象は利他行動，共感，美と快，道徳観，倫理観といった領域にまで広がっていることに思いをはせていただきたい。私たちは脳について学んだ目で，改めて「他者と共に生きる」とはどういうことなのかを考え直すことができるだろう。そして今，私たちはこの「進化しすぎた」脳から生まれた好奇心や科学的な探究心を使って自らの脳，自らの心，他者の脳，他者の心の解明が期待できる時代を迎えている。分子の振る舞いから世界を見据えることは，すべての心理学徒にとって意義の深い課題といえるだろう。

●●●● 参考図書

ピショー，P.　帚木 蓬生・大西 守（訳）（1999）．精神医学の二十世
　　紀　新潮社

　心理学を学ぶ人は精神医学について一通りの見識を持っていてもら
いたいが，それは精神病理学から生物学的精神医学までバランスのと
れたもので，歴史的な文脈を踏まえたものであってほしい。本書は出
版年代こそ古いもののその要請に応える一冊である。ピショーはフラ
ンス精神医学界の重鎮で，心理学にも造詣が深い。帚木蓬生（森山成
彬）医師はギャンブル嗜癖の臨床で知られるが，作家としての活動を
知る人も多いだろう。

功刀 浩（2012）．精神疾患の脳科学講義　金剛出版

　本書には生物学的精神医学の要点が要領よくまとめられている。も
ともと雑誌「臨床心理学」に連載されたものということもあって，語
り口が滑らかでわかりやすい。心理臨床の現場に立とうとする人々に
はこの程度のことは知っておいてもらいたい。

ヴァレンスタイン，E. S.　功刀 浩（監訳）（2008）．精神疾患は脳の
　　病気か？──向精神薬の科学と虚構──　みすず書房

　心の病気への対処にあたって薬物療法をどう考えるかは重要な問題
である。本書は一見衝撃的な題名とは裏腹にきわめて堅実にまとめら
れた精神薬理の歴史書といえる。大著であるが，精読して自分なりの
考えをまとめる一助にしてほしい。

引 用 文 献

第0章

Bunge, M.（1980）. *The mind-body problem : A psychobiological approach.* Oxford : Pregamon Press.

（ブンゲ，M.　黒崎　宏・米沢　克夫（訳）（1982）．精神の本性について——科学と哲学の接点——　産業図書）

藤澤　清・山岡　淳・杉本　助男（1998）．生理心理学とは　宮田　洋（監修）新生理心理学　第1巻　生理心理学の基礎（pp.1-13）　北大路書房

Kahle, W.（2001）. *Taschenatlas der Anatomie 3 : Nervensystem und Sinnesorgane* (7 Auflage). Stuttgart : Georg Thieme Verlag.

第1章

石金　浩史（2022）．脳機能計測——侵襲的方法——　日本視覚学会（編集）図説　視覚の事典（pp.284-288）　朝倉書店

Kahle, W.（2001）. *Taschenatlas der Anatomie 3 : Nervensystem und Sinnesorgane* (7 Auflage). Stuttgart : Georg Thieme Verlag.

Kolb, B., & Whishaw, I.（2001）. *An introduction to brain and behavior.* New York : Worth Publishers.

Nicholls, J. G., Martin, A. R., Wallace, B. G., & Fuchs, P. A.（2001）. *From neuron to brain* (4th ed.). Massachusetts : Sinauer Associates.

Thompson, R. F.（2000）. *The brain : A neuroscience primer* (3rd ed.). New York : Worth Publishers.

Wilson, J. F.（2003）. *Biological foundation of human behavior.* California : Thomson Learning.

第2章

Bear, M. F., Connors, B. W., & Paradiso, M. A.（2001）. *Neuroscience : Exploring the brain* (2nd ed.). Maryland : Lippincott Williams & Wilkins.

Delcomyn, F.（1998）. *Foundation of neurobiology.* New York : W. H. Freeman & Company.

（デルコミン，F.　小倉　明彦・冨永　恵子（訳）（2000）．ニューロンの生物学　南江堂）

平野　鉄雄・新島　旭（1995）．脳とストレス——ストレスにたちむかう脳——　共立出版

久場　健司（2000）．化学的シナプス伝達　本郷　利憲・廣重　力（監修）標準生理学　第5版　医学書院

Rosenzweig, M. R., Breedlove, S. M., & Leiman, A. L.（2002）. *Biological psychology* (3rd ed.). Massachusetts : Sinauer Associates.

渡辺　雅彦（2008）．みる見るわかる脳・神経科学入門講座［前編］——はじめて学ぶ，脳の構成細胞と情報伝達の基盤——　改訂版　羊土社

第3章

Buck, L., Scott, K., & Zuker, C. (2021). Smell and taste : The chemical senses (p.698, Figure 29-14). In E. R. Kandel, J. D. Koester, S. H. Mack, & S. A. Siegelbaum (Eds.), *Principles of neural science* (6th ed.). McGraw Hill.

Cheng, K., Waggoner, R. A., & Tanaka, K. (2001). Human ocular dominance columns as revealed by high-field functional magnetic resonance imaging. *Neuron, 32*, 359-374.

Delcomyn, F. (1998). *Foundation of neurobiology.* New York : W. H. Freeman & Company.

（デルコミン，F. 小倉 明彦・冨永 恵子（訳）（2000）．ニューロンの生物学 南江堂）

Galletti, C., Battaglini, P. P., & Fattori, P. (1993). Parietal neurons encoding spatial locations in craniotopic coordinates. *Experimental Brain Research, 96*, 221-229.

Hubel, D. H. (1988). *Eye, brain, and vision.* New York : Scientific American Library.

金子 章道（1994）．視覚情報処理におけるグルタミン酸受容体 実験医学増刊号, *12*（11），1436-1440.

Nicholls, J. G., Martin, A. R., Wallace, B. G., & Fuchs, P. A. (2001). *From neuron to brain* (4th ed.). Massachusetts : Sinauer Associates.

Peterhans, E., & von der Heydt, R. (1989). Mechanisms of contour perception in monkey visual cortex. II. Contours bridging gaps. *Journal of Neuroscience, 9*, 1749-1763.

Rosenzweig, M. R., Breedlove, S. M., & Leiman, A. L. (2002). *Biological psychology* (3rd ed.). Massachusetts : Sinauer Associates.

Shepherd, G. M. (1988). *Neurobiology* (2nd ed.). New York : Oxford University Press.

篠原 正美（2008）．触覚の生理学 内川 恵二（編）講座 感覚・知覚の科学3 聴覚・触覚・前庭感覚（pp.102-141）朝倉書店

菅 乃武男（1986）．聴覚 入来 正躬・外山 敬介（編）生理学1（pp.261-312）文光堂

Tanaka, K., Saito, H., Fukuda, Y., & Moriya, M. (1991). Coding visual images of objects in the inferotemporal cortex of the macaque monkey. *Journal of Neurophysiology, 66*, 170-189.

Thompson, R. F. (2000). *The brain : A neuroscience primer* (3rd ed.). New York : Worth Publishers.

冨永 真琴（2023）．Piezo チャネル，TRP チャネルと触覚 木下 茂・上野 盛夫（編集）別冊医学のあゆみ 五感を科学する——感覚器研究の最前線——（pp.106-110）医歯薬出版

第4章

Bear, M. F., Connors, B. W., & Paradiso, M. A. (2001). *Neuroscience : Exploring the brain* (2nd ed.). Maryland : Lippincott Williams & Wilkins.

Corkin, S., Amaral, D. G., González, R. G., Johnson, K. A., & Hyman, B. T. (1997). H.M.'s Medial Temporal Lobe Lesion : Findings from Magnetic Resonance Imaging. *Journal of Neuroscience, 15,* 3964-3979.

Dupret, D., Revest, J. M., Koehl, M., Ichas, F., De Giorgi, F., Costet, P., Abrous, D. N., & Piazza, P. V. (2008). Spatial relational memory requires hippocampal adult neurogenesis. *PLoS ONE, 3,* e1959.

Fyhn, M., Molden, S., Witter, M. P., Moser, E. I., & Moser, M. B. (2004). Spatial representation in the entorhinal cortex. *Science, 305,* 1258-1264.

Henneberger, C., Papouin, T., Oliet, S., & Rusakov, D. A. (2010). Long-term potentiation depends on release of D-serine from astrocytes. *Nature, 463,* 232-236.

五十嵐 啓 (2016). 場所細胞・グリッド細胞はどのように記憶を形成するのか？ 林 康紀（企画）特集：記憶 その瞬間に脳で何が起きているのか？ 実験医学, *34,* 1737-1741.

Liu, X., Ramirez, S., Pang, P. T., Puryear, C. B., Govindarajan, A., Deisseroth, K., & Tonegawa, S. (2012). Optogenetic stimulation of a hippocampal engram activates fear memory recall. *Nature, 484,* 381-385.

Massa, F., Koehl, M., Wiesner, T., Grosjean, N., Revest, J. M., Piazza, P. V., Abrous, D. N., & Oliet, S. H. (2011). Conditional reduction of adult neurogenesis impairs bidirectional hippocampal synaptic plasticity. *Proceedings of the National Academy of Sciences of the United States of America, 108,* 6644-6649.

Milner, B. (1970). Interhemispheric differences in the localization of psychological processes in man. *British Medical Bulletin, 27,* 272-277.

Morris, R. G., Anderson, E., Lynch, G. S., & Baudry, M. (1986). Selective impairment of learning and blockade of long-term potentiation by an N-methyl-D-aspartate receptor antagonist, AP5. *Nature, 319,* 774-776.

小澤 瀞司 (2000). 中枢神経シナプス伝達の可塑性 本郷 利憲・廣重 力（監修）標準生理学 第5版 医学書院

Parkin, A. J. (1987). *Memory and amnesia.* New York : Basil Blackwell. （パーキン，A. J. 二木 宏明（監訳）(1990). 記憶の神経心理学──記憶と健忘のメカニズムを探る── 朝倉書店）

Penfield, W., & Perot, P. (1963). The brain's record of auditory and visual experience. *Brain, 86,* 595-696.

Raisman, G. (1969). Neuronal plasticity in the septalnuclei of the adult rat. *Brain Research, 14,* 25-48.

Ryan, T. J., Roy, D. S., Pignatelli, M., Arons, A., & Tonegawa, S. (2015). Engram cells retain memory under retrograde amnesia. *Science, 348,* 1007-1013.

Santello, M., & Volterra, A. (2010). Astrocytes as aide-mémoires. *Nature, 463,* 169-170.

Shors, T. J., Miesegaes, G., Beylin, A., Zhao, M., Rydel, T., & Gould, E. (2001). Neurogenesis in the adult is involved in the formation of trace memories. *Nature, 410,* 372-376.

Tang, Y. P., Shimizu, E., Dube, G. R., Rampon, C., Kerchner, G. A., Zhuo, M., Liu, G., & Tsien, J. Z. (1999). Genetic enhancement of learning and memory in mice. *Nature, 401*, 63‒69.

Whitlock, J. R., Heynen, A. J., Shuler, M. G., & Bear, M. F. (2006). Learning induces long-term potentiation in the hippocampus. *Science, 313*, 1093‒1097.

Yuste, R., & Bonhoeffer, T. (2004). Genesis of dendritic spinies : Insights from ultrastructural and imaging studies. *Nature Reviews Neuroscience, 5*, 24‒34.

第5章

Bangasser, D. A., Waxler, D. E., Santollo, J., & Shors, T. J. (2006). Trace conditioning and the hippocampus : The importance of contiguity. *The Journal of Neuroscience, 26*, 8702‒8706.

Basten, U., Biele, G., Heekeren, H. R., & Fiebach, C. J. (2010). How the brain integrates costs and benefits during decision making. *Proceedings of the National Academy of Sciences of the United States of America, 107*, 21767‒21772.

Carcea, I., & Froemke, R. C. (2019). Biological mechanisms for observational learning. *Current Opinion in Neurobiology, 54*, 178‒185.

Carlson, N. R. (2009). *Physiology of behavior* (10th ed.). Pearson Education. (カールソン，N. R. 泰羅 雅登・中村 克樹 (監訳) (2010). カールソン神経科学テキスト――脳と行動―― 第3版 丸善)

Danjo, T., Toyoizumi, T., & Fujisawa, S. (2018). Spatial representations of self and other in the hippocampus. *Science, 359*, 213‒218.

銅谷 賢治 (2005). 計算神経科学への招待――脳の学習機構の理解を目指して――連載第1回 脳を見る座標軸 数理科学, *505*, 1‒9. サイエンス社

Furuyashiki, T., Hollan, P. C., & Gallagher, M. (2008). Rat orbitofrontal cortex separately encode response and outcome information during performance of goal-directed behavior. *The Journal of Neuroscience, 28*, 5127‒5138.

岩本 隆茂・高橋 憲男 (1987). 改訂増補 現代学習心理学――基礎とその展開―― 川島書店

Kandel, E. R., Schwartz, J. H., & Jessell, T. M. (1996). *Essentials of neural science and behavior.* New York : McGraw-Hill.

Lavi, K., Jacobson, G. A., Rosenblum, K., & Lüthi, A. (2018). Encoding of conditioned taste aversion in cortico-amygdala circuits. *Cell Reports, 24*, 278‒283.

Linden, D. J. (2003). From molecule to memory in the cerebellum. *Science, 301*, 1682‒1685.

Miller, K. J., Shenhav, A., & Ludvig, E. A. (2019). Habits without values. *Psychological Review, 126*, 292‒311.

Nakatake, Y., Furuie, H., Ukezono, M., Yamada, M., Yoshizawa K., & Yamada, M. (2020). Indirect exposure to socially defeated conspecifics using recorded video activates the HPA axis and reduces reward sensitivity in mice. *Scientific Reports, 10*, 16881.

二木 宏明（1984）．脳と心理学——適応行動の生理心理学—— 朝倉書店

Osada, T., Ohta, S., Ogawa, A., Tanaka, M., Suda, A., Kamagata, K., Hori, M., Aoki, S., Shimo, Y., Hattori, N., Shimizu, T., Enomoto, H., Hanajima, R., Ugawa, Y., & Konishi, S. (2019). An essential role of the intraparietal sulcus in response inhibition predicted by parcellation-based network. *Journal of Neuroscience*, *39*, 2509-2521.

Pan, X., Sawa, K., Tsuda, I., Tsukada, M., & Sakagami, M. (2008). Reward prediction based on stimulus categorization in primate lateral prefrontal cortex. *Nature Neuroscience*, *11*, 703-712.

Pavlov, I. P. (1927). *Conditioned reflex : An investigation of the physiological activity of the cerebral cortex.*
（パヴロフ，I. P. 川村 浩（訳）（2004）．大脳半球の働きについて（上）——条件反射学—— 岩波書店）

坂井 信之（2000）．味覚嫌悪学習とその脳メカニズム 動物心理学研究, *50*, 151-160.

Schlund, M. W., & Cataldo, M. F. (2005). Integrating functional neuroimaging and human operant research : Brain activation correlated with presentation of discriminative stimuli. *Journal of Experimental Analysis of Behavior*, *84*, 505-19.

Schultz, W. (1998). Predictive reward signal of dopamine neurons. *Journal of Neurophysiology*, *80*, 1-27.

Sul, J. J., Jo, S., Lee, D., & Jung, M. W. (2011). Role of rodent secondary motor cortex in value-based action selection. *Nature Neuroscience*, *14*, 1202-1208.

Takano, Y., Ukezono, M., Nakashima, S. F., Takahashi, N., & Hironaka, N. (2017). Learning of efficient behaviour in spatial exploration through observation of behaviour of conspecific in laboratory rats. *Royal Society Open Science*, *4*, 170121.

時実 利彦（1962）．脳の話 岩波新書

van Wingerden, M., Vinck, M., Tijims, V., Ferreira, I.R., Jonker, A. J., & Pennarts, C. M. (2012). NMDA receptors control cue-outcome selectivity and plasticity of orbitofrontal firing patterns during associative stimulus-reward learning. *Neuron*, *76*, 813-825.

Waelti, P., Dickinson, A., & Schultz, W. (2001). Dopamine responses comply with basic assumptions of formal leaning theory. *Nature*, *412*, 43-48.

柳下 祥（2020）．ドーパミンによる可塑性と学習の制御機序 日本神経回路学会誌, *27*, 144-151.

山崎 由美子・小川 昭利・入來 篤史（2008）．対称性に関わる生物学的要因の解明に向けて 認知科学, *15*, 366-377.

Zeithamova, D., Mack, M. L., Braunlich, K., Davis, T., Seger, C. A., van Kesteren, M. T. R., & Wutz, A. (2019). Brain mechanisms of concept learning. *Journal of Neuroscience*, *39*, 8259-8266.

第6章

Adolphs, R.,Tranel, D., Damasio, H., & Damasio, A.（1994）. Impaired recognition of emotion in facial expressions following bilateral damage to the human amygdala. *Nature, 372,* 669-672.

Belin, P., Bestelmeyer, P. E. G., Latinus, M., & Watson, R.（2011）. Understanding voice perception. *British Journal of Psychology, 102,* 711-725.

Berridge, K. C., & Kringelbach, M. L.（2008）. Affective neuroscience of pleasure : Reward in humans and animals. *Psychopharmacology, 199,* 457-480.

Bloom, E. E., Lazerson, A., & Hofstadler, L.（1985）. *Brain, mind, and behavior.* New York : W. H. Freeman.
（ブルーム，E.E. 久保田 競（監訳）（1987）. 脳の探検 講談社）

福土 審（2013）. 過敏性腸症候群 Irritable Bowel Syndrome 消化器心身医学, *20,* 23-26.

Geangu, E., Hauf, P., Bhardwaj, R., & Bents, W.（2011）. Infant pupil diameter changes in response to others' positive and negative emotions. *PLoS ONE, 6,* e27132.

Hakamata, Y., Mizukami, S., Izawa, S., Moriguchi, Y., Hori, H., Kim, Y., Hanakawa, T., Inoue, Y., & Tagaya, H.（2020）. Basolateral amygdala connectivity with subgenual anterior cingulate cortex represents enhanced fear-wrelated memory encoding in anxious humans. *Biological Psychiatry : Cognitive Neuroscience and Neuroimaging, 5,* 301-310.

濱 治世・鈴木 直人・濱 保久（2001）. 感情心理学への招待――感情・情緒へのアプローチ―― サイエンス社

濱口 豊太・金澤 素・福土 審（2007）. 過敏性腸症候群の背景――心理と遺伝要因―― 行動医学研究, *13,* 1-5.

Holtmann, G. J., Ford, A. C., & Talley, N. J.（2016）. Pathophysiology of irritable bowel syndrome. *The Lancet Gastroenterology and Hepatology, 1,* 133-146.

井上 猛・小山 司（2009）. 不安障害における扁桃体セロトニンの役割 心身医学, *49,* 291-297.

河田 光博・樋口 隆（2004）. シンプル解剖生理学 南江堂

Kirby, E. D., Geraghy, A. C., Ubuka, T., Bentley, G. E., & Kaufer, D.（2009）. Stress increases putative gonadotropin inhibitory hormone and decreases luteinizing hormone in male rats. *Proceedings of the National Academy of Sciences of the United States of America, 196,* 11324-11329.

Knutson, B., Burgdorf, J., & Panksepp, J.（2002）. Ultrasonic vocalizations as indices of affective states in rats. *Psychological Bulletin, 128,* 961-977.

小山 なつ（2013）. 痛みと鎮痛の基礎知識――痛みの学説と電気刺激治療の歴史―― 理学療法学, *40,* 726-731.

LeDoux, J.（1998）. *Emotional brain : The mysterious underpinnings of emotional life.* London : Weidenfeld & Nicolson.
（ルドゥー，J. 松本 元・小幡 邦彦・湯浅 茂樹・川村 光毅・石塚 典生（訳）（2003）. エモーショナル・ブレイン――情動の脳科学―― 東京大

学出版会）

村井　俊哉（2006）．情動認知・社会行動の脳内機構とその障害　認知神経科学, *8*, 56-60.

西条　寿夫・堀　悦郎・田積　徹・小野　武年（2005）．表情認知における扁桃体の神経機構　日本薬理学雑誌, *125*, 68-70.

小川　園子（2013）．社会行動の調節を司るホルモンの働き　動物心理学研究, *63*, 31-46.

Paxinos, G., & Watson, C.（2013）. *The rat brain in stereotaxic coordinates*（7th ed.）. New York : Academic Press.

Peelen, M. V., & Downing, P. E.（2007）. The neural basis of visual body perception. *Nature Reviews Neuroscience*, *8*, 636-648.

Said, C. P., Haxby, J. V., & Todorov, A.（2011）. Brain systems for assessing the affective value of faces. *Philosophical Transactions of the Royal Society B : Biological Sciences*, *366*, 1660-1670.

Salimpoor, V. N., Benevoy, M., Larcher, K., Dagher, A., & Zatorre, R. J.（2011）. Anatomy distinct dopamine release during anticipation and experience of peak emotional influence. *Nature Neuroscience*, *14*, 257-262.

Sato, W., Kochiyama, T., Uono, S., Yoshikawa, S., & Toichi, M.（2017）. Direction of amygdala-neocortex interaction during dynamic facial expression processing. *Cerebral Cortex*, *27*, 1878-1890.

津田　彰・牧田　潔・津田　茂子（2001）．ストレスはどのように健康を左右するのか──その心理社会生物学的メカニズム──　行動医学研究, *7*, 91-96.

Yamamoto, T.（2006）. Neural substrates for the processing of cognitive and affective aspects of taste in the brain. *Archives of Histology and Cytology*, *69*, 243-255.

第7章

Adachi, S., Endo, Y., Mizushige, T., Tsuzuki, S., Matsumura, S., Inoue, K., & Fushiki, T.（2013）. Increased levels of extracellular dopamine in the nucleus accumbens and amygdala of rats by ingesting a low concentration of a long-chain fatty acid. *Bioscience, Biotechnology, and Biochemistry*, *77*, 2175-2180.

Avena, N. M., Rada, P., & Hoebel, B. G.（2008）. Evidence for sugar addiction : Behavioral and neurochemical effects of intermittent, excessive sugar intake. *Neuroscience and Biobehavioral Reviews*, *32*, 20-39.

Bontonou, G., & Wicker-Thomas, C.（2014）. Sexual communication in the drosophila genus. *Insects*, *5*, 439-458.

Campetella, F., & Sachse, S.（2015）. To mate or not to mate. *eLife*, *4*, e13093.

deCatanzalo, D.（1999）. *Motivation and emotion : Evolutionary, physiological, developmental and social perspectives*. Prentice-Hall
（デカタンザロ，D. A.　浜村　良久・岡田　隆・廣中　直行・筒井　雄二（訳）（2005）．動機づけと情動　協同出版）

de Wit, S., Corlett, P. R., Aitkin, M. R., Dickinson, A., & Fletcher, P. C.（2009）. Differential engagement of the ventromedial prefrontal cortex by goal-directed and habitual behavior toward food pictures in humans. *The Journal of Neuroscience, 29*, 11330-11338.

Egecioglu, E., Skibicka, K. P., Hansson, C., Alvarez-Crespo, M., Friberg, P. A., Jerlhag, E., Engel, J. A., & Dickinson, S. L. (2011). Hedonic and incentive signals for bodt and weight control. *Reviews in Endocrine and Metabolic Disorders, 12*, 141-151.

Ewart, J. P. (1976). *Neuroethology : An introduction to neurophysiological fundamentals of behavior.* Berlin : Springer-Verlog.
（エヴァート, J. P.　小原 嘉明・山元 大輔（訳）（1982）．神経行動学　培風館）

Hattori, T., Osakada, T., Masaoka, T., Ooyama, R., Horio, N., Mogi, K., Nagasawa, M., Haga-Yamanaka, S., Touhara, K., & Kikusui, T. (2017). Exocrine gland-secreting peptide 1 is a key chemosensory signal responsible for the Bruce effect in mice. *Current Biology, 27*, 3197-3201.

堀 哲郎（1991）．脳と情動——感情のメカニズム——　共立出版

Lee, H. J., Maxbeth, A. H., Pagani, J. H., & Young, W. S. 3rd. (2009). Oxytocin : The great facilitator of life. *Progress in Neurobiology, 88*, 127-151.

Miczek, K. A., de Almeida, R. M., Kravitz, E. A., Rissman, E. F., de Boer, S. F., & Raine, A. (2007). Neurobiology of escalated aggression and violence. *Journal of Neuroscience, 27*, 11803-11806.

Mieda, M., & Yanagisawa, M. (2002). Sleep, feeding, and neuropeptides : Roles of orexins and orexin receptors. *Current Opinion in Neurobiology, 12*, 339-345.

Montoya, E. R., Terburg, D., Bos, P. A., & van Honk, J. (2012). Testosterone, cortisol, and serotonin as key regulators of social aggression : A review and theoretical perspective. *Motivation and Emotion, 36*, 65-73.

西条 寿夫・小野 武年（2000）．摂食行動　甘利 俊一・外山 敬介（編）脳科学大事典　朝倉書店

Pound, N., Penton-Voak, I. S., & Surridge, A. K. (2009). Testosterone responses to competition in men are related to facial masculinity. *Proceedings of the Royal Society B : Biological Sciences, 276*, 153-159.

Ridley, M. (1986). *Animal behavior : A concise introduction.* Oxford : Blackwell Scientific.
（リドゥリー, M.　中牟田 潔（訳）（1988）．新しい動物行動学　蒼樹書房）

佐久間 康夫（2000）．性行動　甘利 俊一・外山 敬介（編）脳科学大事典　朝倉書店

佐久間 康夫（2002）．性ホルモンによる脳の性分化と機能の調節　松本 元・小野 武年（編）情と意の脳科学——人とは何か——　培風館

桜井 武（2003）．摂食関連ペプチドの生理　日本薬理学雑誌, *122*, 236-242.

Salamone, J. D., Wisniecki, A., Carlson, B. B., & Correa, M. (2001). Nucleus accumbens dopamine depletions make animals highly sensitive to high fixed ratio requirements but do not impair primary food reinforcement. *Neuroscience, 105*, 863-870.

Sinclair, A. H., Berta, P., Palmer, M. S., Hawkins, J. R, Griffiths, B. L., Smith, M. J., Foster, J. W., Frischauf, A. M., Lovell-Badge, R., & Goodfellow, P. N. (1990). A gene from the human sex-determining region encodes a protein with homology to an conserved DNA-binding motif. *Nature, 346*, 240-244.

Sugiyama, Y. (1965). On the social change of hanuman langurs in their natural condition. *Primates, 6*, 381-418.

鈴木 雅一・田中 滋康 (2014). アクアポリンの構造, 機能, およびその多様性――脊椎動物を中心として―― 生化学, *86*, 41-53.

Wobber, V., Hare, B., Maboto, J., Lipson, S., Wrangham, R., & Elloson, P. T. (2010). Differential changes in steroid hormones before competition in bonobos and chimpanzees. *Proceedings of the National Academy of Sciences of the United States of America, 107*, 12457-12462.

山下 博・大坂 寿雄 (2000). 飲水行動 甘利 俊一・外山 敬介 (編) 脳科学大事典 朝倉書店

第8章

土井 由利子 (2012). 日本における睡眠障害の頻度と健康影響 保健医療科学, *61*, 3-10.

林 直樹 (2002). 心の病気 その症状と治療法 Newton 増刊：人はなぜ心の病気になるのか？ ニュートンプレス

林田 健一・井上 雄一・伊藤 洋 (2004). 睡眠時無呼吸症候群の精神科領域における問題点 耳鼻咽喉科展望, *47*, 115-123.

肥田 昌子・三島 和夫 (2011). 概日リズム睡眠障害の病態生理研究の動向 日本生物学的精神医学会誌, *22*, 165-170.

稲田 健 (2016). ベンゾジアゼピン系薬物の適正使用のために薬剤師の方へお伝えしたいこと *YAKUGAKU ZASSHI, 136*, 73-77.

井上 健・嶋田 怜士・春日 晃子・椎橋 文子・北島 翼・松島 奈穂・荒川 明里・大戸 佑二・大谷 良子・三島 和夫・作田 亮一 (2022). 不登校を併存した概日リズム睡眠–覚醒障害に対する高照度光療法の効果――ランダム化比較試験―― 脳と発達, *54*, 135-137.

伊藤 薫 (1982). 脳と神経の生物学 改訂版 培風館

加藤 秀夫・国信 清香・齋藤 亜衣子・出口 佳奈絵・西田 由香・加藤 悠 (2011). 時間栄養学と健康 日本薬理学雑誌, *137*, 120-124.

加藤 久美 (2010). 睡眠時無呼吸症候群 (SAS) と子どもの発達の問題 小児耳鼻咽喉科, *31*, 209-215.

北浜 邦夫 (2000). ヒトはなぜ, 夢を見るのか 文藝春秋

Kleitman, N. (1963). *Sleep and wakefulness*. The University of Chicago Press.

Magoun, H. W. (1954). The ascending reticular system and wakefulness. In J. F. Delafresnaye (Ed.), *Brain mechanism and consciousness* (pp.1-20). C. C. Thomas.

三島 和夫 (2014). 睡眠薬の適正な使用と休薬のための診療ガイドライン 精神保健研究, *60*, 55-62.

三島 和夫 (2019). 社会的ジェットラグと睡眠 学術の動向, *24*, 32-39.

Mohawk, J. A., Green, C. B., & Takahashi, J. S. (2012). Central and peripheral circadian clocks in mammals. *Annual Review of Neuroscience, 35*, 445-462.

村崎 光邦（2001）．睡眠薬　上島 国利・村崎 光邦・八木 剛平（編）精神治療薬大系（中）（pp.596-678）　改訂新版2001　星和書店

村田 朗（2007）．睡眠時無呼吸症候群の診断と治療——寝ている間に病気が作られる——　日本医科大学医学会雑誌, *3*, 96-101.

中山 秀章（2020）．睡眠時無呼吸症候群の病態　日本内科学会雑誌, *109*, 1052-1058.

二木 宏明（1984）．脳と心理学——適応行動の生理心理学——　朝倉書店

日本呼吸器学会（監修）睡眠時無呼吸症候群（SAS）の診療ガイドライン作成委員会（編集）（2020）．睡眠時無呼吸症候群（SAS）の診療ガイドライン2020　南江堂

Roffwarg, H. P., Muzio, J. N., & Dement, W. C. (1966). Ontogenetic development of the human sleep-dream cycle. *Science, 152*, 604-619.

高橋 康郎・大川 匡子・高橋 清久（1978）．睡眠・覚醒と静止・活動のリズム　佐々木 隆・千葉 喜彦（編）時間生物学（pp.151-178）　朝倉書店

津本 忠治（1986）．脳と発達——環境と脳の可塑性——　朝倉書店

第9章

Botvinick, M., & Cohen, J. (1998). Rubber hands 'feel' touch that eyes see. *Nature, 391*, 756.

Fair, D. A., Cohen, A. L., Dosenbach, N. U., Church, J. A., Miezen, F. M., Barch, D. M., Raichle, M. E., Petersen, S. E., & Schlaggar, B. L. (2008). The maturing architecture of the brain's default network. *Proceedings of the National Academy of Science of the United States of America, 105*, 4028-4032.

藤澤 清（1998）．脳波　宮田 洋（監修）新生理心理学　1巻　生理心理学の基礎　北大路書房

船橋 新太郎（2015）．実行機能と前頭連合野の関与　心理学評論, *58*, 55-71.

Golaszewski, S., Frey, V., Thomschewski, A., Sebastianelli, L., Versace, V., Saltuari, L., Trinka, E., & Nardone, R. (2021). Neural mechanisms underlying the Rubber Hand Illusion : A systematic review of related neurophysiological studies. *Brain and Behavior, 11*, e02124.

Immordino-Yang, M. H., Christodoulou, J. A., & Singh, V. (2012). Rest is not idleness : Implications of the brain's default mode for human development and education. *Perspectives on Psychological Science, 7*, 352-364.

Johansson, P., Hall, L., Sikström, S., & Olsson, A. (2005). Failure to detect mismatches between intention and outcome in a simple decision task. *Science, 310*, 116-119.

上倉 安代・大川 一郎・井出 正和・和田 真（2020）．統合失調症を対象とした自我障害評価ツールとしてのラバーハンド錯覚測定　心理学研究, *91*, 257-266.

北村 圭司（2010）．PETの原理と画像再構成　*Medical Imaging Technology, 28*, 381-384.

Levorsen, M., Aoki, R., Matsumoto, K., Sedikides, C., & Izuma, K. (2023). The self-concept is represented in the medial prefrontal cortex in terms of self-importance. *The Journal of Neuroscience, 43*, 3675-3686.

Libet, B., Gleason, C. A., Wright, E. W., & Pearl, D. K. (1983). Time of conscious intention to act in relation to onset of cerebral activity (readiness-potential). The unconscious initiation of a freely voluntary act. *Brain, 106* (3), 623-642.

Ninomiya, T., Noritake, A., Kobayashi, K., & Isoda, M. (2020). A causal role for frontal cortico-cortical coordination in social action monitoring. *Nature Communications, 11*, 5233.

苧阪 直行（編）(1997)．脳と意識　朝倉書店

苧阪 直行 (2012)．高次脳機能とアウェアネス　高次脳機能研究, *32*, 427-432.

坂上 雅道・山本 愛実 (2009)．意思決定の脳メカニズム――顕在的判断と潜在的判断――　科学哲学, *42*, 29-40.

飛松 省三 (2014)．脳波リズムの発現機序　臨床神経生理, *42*, 358-364.

渡辺 英寿 (2002)．近赤外線スペクトロスコープ（NIRS）による脳機能マッピングの基礎と応用　画像診断, *5*, 518-524.

渡邊 正孝 (2016)．前頭連合野のしくみとはたらき　高次脳機能研究, *36*, 1-8.

第10章

American Psychiatric Association (2013). *Desk Reference to the Diagnostic Criteria from DSM-5*. American Psychiatric Association Publishing.
（日本精神神経学会（監修）髙橋 三郎・大野 裕（監訳）染矢 俊幸・神庭 重信・尾崎 紀夫・三村 将・村井 俊哉（訳）(2014)．DSM-5　精神疾患の分類と診断の手引　医学書院）

Brambilla, P., Hardan, A., di Nemi, S. U., Perez, J., Soares, J. C., & Barale, F. (2003). Brain anatomy and development in autism : Review of structural MRI studies. *Brain Research Bulletin, 61* (6), 557-569.

de la Torre-Ubieta, L., Won, H., Stein, J. L., & Geschwind, D. H. (2016). Advancing the understanding of autism disease mechanisms through genetics. *Nature Medicine, 22* (4).

Edelman, G. M. (1993). Neural Darwinism : Selection and reentrant signaling in higher brain function. *Neuron, 10* (2), 115-125.

Fjell, A. M., & Walhovd, K. B. (2010). Structural brain changes in aging : Courses, causes and cognitive consequences. *Reviews in the Neurosciences, 21* (3), 187-221.

Frith, U. (2003). *Autism : Explaining the Enigma* (2nd ed.). Blackwell Publishing.
（フリス, U.　冨田 真紀・清水 康夫・鈴木 玲子（訳）(2009)．新訂　自閉症の謎を解き明かす　東京書籍）

Gogtay, N., Giedd, J. N., Lusk, L., Hayashi, K. M., Greenstein, D., Vaituzis, A. C.,

... & Thompson, P. M.（2004）. Dynamic mapping of human cortical development during childhood through early adulthood. *Proceedings of the National Academy of Sciences, 101*（21）, 8174-8179.

Hsiung, G.-Y. R., Sadovnick, A. D., & Feldman, H.（2004）. Apolipoprotein E ε4 genotype as a risk factor for cognitive decline and dementia : Data from the Canadian Study of Health and Aging. *CMAJ : Canadian Medical Association Journal, 171*（8）, 863-867.

Huttenlocher, P. R.（1990）. Morphometric study of human cerebral cortex development. *Neuropsychologia, 28*（6）, 517-527.

乾 敏郎（2015）．発生・発達する神経ネットワークと発達障害の機序　日本発達心理学会（編）脳の発達科学（pp.276-290）　新曜社

Lockhart, S. N., & DeCarli, C.（2014）. Structural imaging measures of brain aging. *Neuropsychology Review, 24*（3）, 271-289.

日本神経学会（監修）「認知症疾患診療ガイドライン」作成委員会（編集）（2017）．認知症疾患診療ガイドライン 2017　医学書院

Pelphrey, K., Adolphs, R., & Morris, J. P.（2004）. Neuroanatomical substrates of social cognition dysfunction in autism. *Mental Retardation and Developmental Disabilities Research Reviews, 10*（4）, 259-271.

Sabou, A. M., Moldovan, M., Cosma, A. M., & Visu-Petra, L.（2012）. Working memory training in typical and atypical development : Revisiting the evidence. *Cognition, Brain, Behavior : An Interdisciplinary Journal, 16*（1）, 1-47.

榊原 洋一（2015）．注意欠陥・多動性障害（注意欠陥・多動症，ADHD）　日本発達心理学会（編）脳の発達科学（pp.258-267）　新曜社

Schaie, K. W.（1994）. The course of adult intellectual development. *The American Psychologist, 49*（4）, 304-313.

高橋 智（2011）．認知症の BPSD　日本老年医学会雑誌, *48*（3）, 195-204.

谷脇 孝恭（2020）．変性性神経疾患の画像診断　田川 皓一・池田 学（編集）神経心理学への誘い　高次脳機能障害の評価（pp.115-121）　西村書店

Thapar, A., Cooper, M., Eyre, O., & Langley, K.（2013）. Practitioner review : What have we learnt about the causes of ADHD? *Journal of Child Psychology and Psychiatry, 54*（1）, 3-16.

第11章

Benton, A. L.（1963）. *The Revised Visual Retention Test : Clinical and experimental applications*（3rd ed.）. Psychological Corporation.

Cicerone, K. D., Dahlberg, C., Kalmar, K., Langenbahn, D. M., Malec, J. F., Bergquist, T. F., ... & Morse, P. A.（2000）. Evidence-based cognitive rehabilitation : Recommendations for clinical practice. *Archives of Physical Medicine and Rehabilitation, 81*（12）, 1596-1615.

Crosson, B., Barco, P. P., Velozo, C. A., Bolesta, M. M., Cooper, P. V., Werts, D., & Brobeck, T. C.（1989）. Awareness and compensation in postacute head injury rehabilitation. *The Journal of Head Trauma Rehabilitation, 4*（3）, 46-

54.

Dejerine, J. (1914). *Sémiologie des affections du système nerveux*. Masson.

Fujiwara, Y., Suzuki, H., Yasunaga, M., Sugiyama, M., Ijuin, M., Sakuma, N., Inagaki, H., Iwasa, H., Ura, C., Yatomi, N., Ishii, K., Tokumaru, A. M., Homma, A., Nasreddine, Z., & Shinkai, S. (2010). *Brief screening tool for mild cognitive impairment in older Japanese : Validation of the Japanese version of the Montreal Cognitive Assessment*. Geriatrics & Gerontology International.

Gazzaniga, M. S., & Sperry, R. W. (1967). Language after section of the cerebral commissures. *Brain, 90* (1), 131-148.

長谷川 和夫 (2005). HDS-R 長谷川式認知症スケール使用手引　三京房

Hebb, D. O. (1949). *The organization of behavior : A neuropsychological theory.* Wiley.
（ヘッブ, D. O.　鹿取 廣人他 （訳） (2011). 行動の機構――脳メカニズムから心理学へ――（上・下）　岩波書店）

今村 陽子 (2000). 仮名ひろいテスト　臨床高次脳機能評価マニュアル 2000 改訂第 2 版　新興医学出版社

石合 純夫 （BIT 日本版作製委員会代表） (1999). BIT 行動性無視検査　日本版　新興医学出版社

金子 満雄・植村 研一 (1988). 新しい早期痴呆診断法と同法を用いた地域集団検診の試み　日本医事新報

鹿島 晴雄 （監訳） (2003). BADS 遂行機能障害症候群の行動評価　日本版　新興医学出版社

鹿島 晴雄・加藤 元一郎 （編著） (2013). 慶應版ウィスコンシンカード分類検査　三京房

加藤 元一郎 (1988). 前頭葉損傷における概念の形成と変換について――新修正 Wisconsin Card Sorting Test を用いた検討――　慶應医学, *65*, 861-885.

萱村 俊哉・中嶋 朋子・坂本 吉正 (1997). Rey-Osterrieth　複雑図形における構成方略の評価とその意義　神経心理学, *13*, 190-198.

Kennard, M. A. (1940). Relation of age to motor impairment in man and in subhuman primates. *Archives of Neurology and Psychiatry, 44* (2), 377-397.

Kertesz, A. (1982). *The Western Aphasia Battery*. Grune & Stratton.

Kohs, S. C. (1920). The Block-Design Tests. *Journal of Experimental Psychology, 3* (5), 357-376.

近藤 正樹 (2017). Liepmann から始まる失行　高次脳機能研究 （旧 失語症研究）, *37* (3), 253-259.

Moll, J., Oliveira-Souza, R. de, Eslinger, P. J., Bramati, I. E., Mourão-Miranda, J., Andreiuolo, P. A., & Pessoa, L. (2002). The neural correlates of moral sensitivity : A functional magnetic resonance imaging investigation of basic and moral emotions. *Journal of Neuroscience, 22* (7), 2730-2736.

中島 八十一・寺島 彰 （編） (2006). 高次脳機能障害ハンドブック――診断・評価から自立支援まで――　医学書院

Nasreddine, Z. S., Phillips, N. A., Bédirian, V., Charbonneau, S., Whitehead, V., Collin, I., Cummings, J. L., & Chertkow, H.（2005）. The Montreal Cognitive Assessment, MoCA : A brief screening tool for mild cognitive impairment. *Journal of the American Geriatrics Society, 53*（4）, 695-699.

日本高次脳機能障害学会（編）日本高次脳機能障害学会 Brain Function Test 委員会（著）（1999）. 改訂第2版 標準高次動作性検査（SPTA）――失行症を中心として―― 新興医学出版社

日本高次脳機能障害学会（編）日本高次脳機能障害学会 Brain Function Test 委員会（著）（2003）. 標準失語症検査マニュアル（SLTA）改訂第2版 新興医学出版社

日本高次脳機能障害学会（編）日本高次脳機能障害学会 Brain Function Test 委員会（著）（2003a）. 標準高次視知覚検査（VPTA）新興医学出版社

日本高次脳機能障害学会（編）日本高次脳機能障害学会 Brain Function Test 委員会・新記憶検査作製小委員会（著）（2014）. 標準言語性対連合学習検査（S-PA）新興医学出版社

日本高次脳機能障害学会（編）日本高次脳機能障害学会 Brain Function Test 委員会（著）（2019）. Trail Making Test 日本版（TMT-J）新興医学出版社

日本高次脳機能障害学会 Brain Function Test 委員会（編著）（2022）. 改訂版 標準注意検査法・標準意欲評価法（CAT-R）（CAS）新興医学出版社

日本版 WAIS-Ⅳ刊行委員会（2018）. WAIS-Ⅳ知能検査 日本文化科学社

日本版 WISC-Ⅴ刊行委員会（2021）. WISC-Ⅴ知能検査 日本文化科学社

二木 宏明（1984）. 脳と心理学――適応行動の生理心理学―― 朝倉書店

小野 剛（2001）. 簡単な前頭葉機能テスト 脳の科学, *23*, 487-493.

大脇 義一（編）（1987）. コース立方体組み合わせテスト使用手引 改訂増補版 三京房

Ownsworth, T., Clare, L., & Morris, R.（2006）. An integrated biopsychosocial approach to understanding awareness deficits in Alzheimer's disease and brain injury. *Neuropsychological Rehabilitation, 16*（4）, 415-438.

Psychological Assessment Resource, Inc.（2001）. MMSE. MiniMental LLC.

Rubens, A. B., & Benson, D. F.（1971）. Associative visual agnosia. Archives of Neurology, *24*（4）, 305-316.

杉下 守弘（WAB 失語症検査（日本語版）作製委員会代表）（1986）. WAB 失語症検査 日本語版 医学書院

杉下 守弘（訳）（2001）. 日本版ウェクスラー記憶検査法（WMS-R）日本文化科学社

杉下 守弘（2012）. Mini Mental State Examination-Japanese（MMSE-J）――精神状態短時間検査日本版―― 日本文化科学社

髙橋 剛夫（訳）（1985）. 改訂版視覚記銘検査使用手引き――臨床と実験的利用―― 増補版 三京房

立神 粧子（2010）. 前頭葉機能不全 その先の戦略――Rusk 通院プログラムと神経心理ピラミッド―― 医学書院

Toglia, J., & Goverover, Y.（2022）. Revisiting the dynamic comprehensive model of self-awareness : A scoping review and thematic analysis of its impact 20 years later. *Neuropsychological Rehabilitation, 32,* 1676-1725.

綿森 淑子・原 寛美・宮森 孝史・江藤 文夫・高橋 雅子・本多 留美 (2023). 日本版 RBMT リバーミード行動記憶検査 2023 年増補版 千葉テストセンター

Wechsler, D. (1945). *Wechsler Memory Scale.* Psychological Corporation.

Wilson, B. A., Alderman, N., Burgess, P. W., Emslie, H., & Jonathan, J., Evans. (1996). *BADS : Behavioural Assessment of the Dysexecutive Syndrome.* Thames Valley Test Company, Bury St. Edmunds.

Wilson, B. A., Cockburn, J., & Baddeley, A. (2002). *Rivermead Behavioral Memory Test.* Pearson.

遊間 義一・金澤 雄一郎・河原 哲雄・東條 真希・荻原 彩佳・石田 祥子 (2022). PC 用日本語版アイオワギャンブル課題の開発と英語版との同等性 心理学研究, *93* (2), 129-138.

第12章

American Psychiatric Association (2013). *Desk Reference to the Diagnostic Criteria from DSM-5.* American Psychiatric Association Publishing. (日本精神神経学会 (監修) 髙橋 三郎・大野 裕 (監訳) 染矢 俊幸・神庭 重信・尾崎 紀宏・三村 将・村井 俊哉 (訳) (2014). DSM-5 精神疾患の分類と診断の手引 医学書院)

朝倉 幹雄・松下 卓郎・菩提寺 伸人・長谷川 洋 (2004). 受容体機能亢進仮説 石郷岡 淳 (編) 精神疾患 100 の仮説 改訂版 星和書店

Chalah, M. A., & Ayache, S. S. (2018). Disentangling the neural basis of cognitive behavioral therapy in psychiatric disorders : A focus on depression. *Brain Sciences, 8,* 150.

廣中 直行 (2001). 人ははぜハマるのか 岩波書店

Hofmann, S. G., Asnaani, A., Vonk, I. J., Sawyer, A. T., & Fang, A. (2012). The efficacy of cognitive behavioral therapy : A review of meta-analyses. *Cognitive Therapy and Research, 36,* 427-440.

本郷 道夫 (2022). 腸内細菌と精神神経疾患からみる腸脳相関 心身医学, *62,* 451-457.

Knutson, B., Adams, C. M., Fong, G. W., & Hommer, D. (2001). Anticipation of increasing monetary reward selectively recruits nucleus accumbens. *The Journal of Neuroscience, 21,* RC159.

Koob, G. F., & Volkow, N. D. (2010). Neurocircuitry of addiction. *Neuropsychopharmacology, 35,* 217-238.

功刀 浩 (2018). うつ病・自閉症と腸内細菌叢 腸内細菌学雑誌, *32,* 7-13.

Kunugi, H., Tanaka, M., Hori, H., Hashimoto, R., Saitoh, O., & Hironaka, N. (2007). Prepulse inhibition of acoustic startle in Japanese patients with chronic schizophrenia. *Neuroscience Research, 59,* 23-28.

森 麻子・岡本 泰昌・山脇 成人 (2017). うつ病の脳画像研究――イメージングとバイオマーカー―― ファルマシア, *53,* 676-680.

Mutz, J., Vipulananthan, V., Carter, B., Hurlemann, R., Fu, C. H. Y., & Young, A.

H.（2019）. Comparative efficacy and acceptability of non-surgical brain stimulation for the acute treatment of major depressive episodes in adults : Systematic review and network meta-analysis. *British Medical Journal, 364*, l1079.

Nie, X., Kitaoka, S., Tanaka, K., Segi-Nishida, E., Imoto, Y., Ogawa, A., Nakano, F., Tomohiro, A., Nakayama, K., Taniguchi, M., Mimori-Kiyosue, Y., Kakizuka, A., Narumiya, S., & Furuyashiki, T.（2018）. The Innate Immune Receptors TLR2/4 Mediate Repeated Social Defeat Stress-Induced Social Avoidance through Prefrontal Microglial Activation. *Neuron, 99*, 464‒479.

大久保 善朗（2004）. ドーパミン仮説　石郷岡 淳（編）精神疾患100の仮説　改訂版　星和書店

Penninx, B. W., Pine, D. S., Holmes, E. A., & Reif, A.（2021）. Anxiety disorders. *Lancet, 397*, 914‒927.

Reyes-Martínez, S., Segura-Real, L., Gómez-García, A. P., Tesoro-Cruz, E., Constantino-Jonapa, L. A., Amedei, A., & Aguirre-García, M. M.（2023）. Neuroinflammation, Microbiota-Gut-Brain Axis, and Depression : The Vicious Circle. *Journal of Integrative Neuroscience, 22*, 65.

篠崎 元（2018）. 精神疾患におけるエピジェネティクスの役割の基礎——DNAメチル化を中心に——　精神神経学雑誌, *120*, 804‒812.

Solms, M.（2004）. Freud returns. *Scientific American, 290*, 56‒63.

Suhara, T., Okubo, Y., Tasuno, F., Sudo, Y., Inoue, M., Ichimiya, T., Nakashima, Y., Nakayama, K., Tanada, S., Suzuki, K., Halldin, C., & Farde, L.（2002）. Decreased dopamine D2 receptor binding in the anterior cingulate cortex in schizophrenia. *Archives of General Psychiatry, 59*, 25‒30.

丹野 義彦・坂本 真士（2001）. 自分のこころからよむ臨床心理学入門　東京大学出版会

山田 和男（2004）. モノアミン欠乏仮説　石郷岡 淳（編）精神疾患100の仮説　改訂版　星和書店

人名索引

事項索引

岡田　隆
おか　だ　たかし

【第0〜4章】

1986 年	東京大学文学部心理学科卒業
1995 年	東京大学大学院博士課程修了
	東京大学助手，ドイツ・オルデンブルク大学研究員，
	科学技術振興事業団研究員，東京医科歯科大学助手，専修大
	学准教授を経て
現　在	上智大学総合人間科学部心理学科教授　博士（心理学）

主要著書・訳書

「記憶の神経心理学」（共訳）（朝倉書店，1990 年）

「新・心理学の基礎知識」（分担執筆）（有斐閣，2005 年）

廣中直行
ひろ　なか　なお　ゆき

【第5〜9, 12章, p.197 Topic】

1979 年	東京大学文学部心理学科卒業
1984 年	東京大学大学院単位取得退学
	実験動物中央研究所研究員，理化学研究所・脳科学総合研究
	センター研究員，専修大学文学部教授，科学技術振興機構研
	究員，NTT コミュニケーション科学基礎研究所研究員，
	（株）LSI メディエンス薬理研究部顧問を経て
現　在	（社）マーケティング共創協会研究主幹，東京都医学総合研究
	所客員研究員，東京慈恵会医科大学非常勤講師
	博士（医学）

主 要 著 書

「心理学スタディメイト──「心」との新しい出会いのために」（有斐閣，2023 年）

「アディクション・サイコロジー──依存・嗜癖問題からみた人間の本質」（誠信書房，2023 年）

宮森孝史 【第8〜11章】

みや　もり　たか　し

1975 年	専修大学文学部人文学科卒業
1987 年	青山学院大学大学院文学研究科心理学専攻博士後期課程単位取得退学
	七沢リハビリテーション病院脳血管センター臨床心理士，専修大学教授，東海大学教授，田園調布学園大学教授を歴任
2020 年	逝去

主要編著書

「神経心理学と画像診断」（共編著）（朝倉書店，1988 年）

「講座臨床心理学　第 2 巻　臨床心理学研究」（分担執筆）（東京大学出版会，2001 年）

岡村陽子 【第10〜11章】

おか　むら　よう　こ

1992 年	東京女子大学文理学部心理学科卒業
2001 年	筑波大学大学院博士課程心身障害学研究科修了
	東京都リハビリテーション病院心理士，千葉県千葉リハビリテーションセンター心理発達訓練士，日本医科大学リハビリテーション科心理士を経て
現　在	専修大学人間科学部心理学科教授　博士（教育学）

主要訳書

「高次脳機能障害のための認知リハビリテーション──統合的な神経心理学的アプローチ」（共訳）（協同医書出版社，2012 年）

「脳の老化を防ぐ生活習慣──認知症予防と豊かに老いるヒント」（共訳）（中央法規出版，2014 年）

コンパクト新心理学ライブラリ　14

生理心理学　第 3 版
——脳のはたらきから見た心の世界——

2005 年 12 月 25 日 ©	初　版　発　行
2014 年 10 月 10 日	初版第 9 刷発行
2015 年 4 月 10 日 ©	第 2 版第 1 刷発行
2024 年 2 月 10 日	第 2 版第 13 刷発行
2024 年 5 月 10 日 ©	第 3 版第 1 刷発行

著　者	岡田　隆	発行者	森平敏孝
	廣中直行	印刷者	山岡影光
	宮森孝史	製本者	松島克幸
	岡村陽子		

発行所　　**株式会社　サイエンス社**

〒151-0051　　東京都渋谷区千駄ヶ谷 1 丁目 3 番 25 号
営業　☎ (03) 5474-8500 (代)　　　振替 00170-7-2387
編集　☎ (03) 5474-8700 (代)
FAX　☎ (03) 5474-8900

印刷　三美印刷　　製本　松島製本
《検印省略》

ISBN978-4-7819-1595-1
PRINTED IN JAPAN

サイエンス社のホームページのご案内
https://www.saiensu.co.jp
ご意見・ご要望は
jinbun@saiensu.co.jp　まで。